KB167836

이나모리 가즈오
사장의 그릇

人を生かす

이나모리 가즈오

사장의 그릇

이나모리 가즈오 지음 | 양준호 옮김

한국경제신문

일본 경제는 제2차 세계대전 이후 기적이라 말할 수 있을 정도로 부활했고, 세계 제2위의 경제대국이라 불릴 정도로 성장을 했습니다. 저는 이를 뒷받침하고 있는 것이 각지에서 활약하고 있는 많은 수의 중견기업 및 중소기업이라고 생각합니다. 그런데 막상 이러한 기업 경영자들을 만나 보면 대부분 '우리 회사에는 우수한 인재가 없다. 그래서 좀처럼 발전하지 못하는 것이다'라고 탄식하고 있는 실정입니다.

하지만 중견기업이나 중소기업이라 할지라도 인재가 전혀 없는 것은 아닙니다. 또한 설령 인재가 부족하더라도 직원들의 역량을 최대한 살리고 결집시키는 것을 통해 얼마든지 발전이 가능합니다. 실제로 혼다기술연구소나 소니와 같은 지금의 거대 기업도 그다지 인재가 풍부하지 않은 중소기업 시절을 거치며 발전해왔습니다. 이는 다시 말해 직원들의 마음을 모아 조직을 활성화시킬 수 있느냐 없느냐가 리더의 진가를, 그리고 기업의 발전을 결정한다는 것을 말해줍니다.

이런 생각을 가지고 있던 저는 1983년 "경영자로서의 가치관을 익히고 싶다"라고 말하는 젊은 경영자들의 강한 요청을 받아들여 '세이와주쿠'라는 경영학원을 봉사하는 마음으로 시작했습니다. 혼자서 살아남기도 힘든 세상에 직원과 그 가족의 생활을 필사적으로 지키고자 하는 경영자 정신은 매우 훌륭한 것이라는 생각에, 그러한 경영자 육성에 조금이라도 보탬이 되고자 한 것입니다. 이후 28년간 건실히 활동을 지속해온 결과, 현재(2011년 말 기준) 세이와주쿠 수강생 수는 7,300명을 넘었으며 일본에서 54개, 미국, 중국, 브라질에서 9개의 학원을 운영 중인 상황입니다.

세이와주쿠를 통해 저는 경영의 기본이 되는 경영철

학에 대해 이야기를 하는 한편, 수강생들이 직면한 경영상의 문제에 대해 조언을 하는 '경영문답'을 진행해왔습니다. 경영의 수장으로서 절실한 문제를 가진 세이와주쿠 수강생의 구체적 질문에 대해 제 경영철학과 경험에 의거해 전념을 다해 답변을 해왔다고 자부합니다.

그리고 이 문답이 세이와주쿠 수강생뿐 아니라 경영에 대해 고민하고 있는 일반 경영자분들에게도 참고가 될 것이라고 생각해오던 찰나, 마침 출판 제안을 받아 2005년 3월《실학, 경영자의 질문-고수익 기업을 만드는 방법(實學·經營問答 高収益企業のつくり方)》이라는 제목으로 출판을 했습니다. 지금 이 책은 그 두 번째 책으로서 2008년 7월에 출판한《실학, 경영자의 질문-사람을 살리다(實學·經營問答 人を生かす)》를 가벼운 마음으로 휴대하며 읽을 수 있도록 개정해 문고판으로 재출간한 것입니다. 세이와주쿠에서 나눈 다수의 질의응답 중 집단의 리더라면 누구라도 직면하는 인재 육성, 조직 활성화에 관계된 문답을 모은 것으로, 제가 심혈을 기울여 답변한 내용 '사람을 살리는 경영'을 테마로 하고 있습니다.

기업 경영의 성패는 전적으로 직원들의 의욕에 달려 있습니다. 직원들의 의식이 바뀌면 회사는 바뀌게 마련이며, 리더라면 이 점을 유념해야 합니다. 이는 현재 일본항공의 회장으로서 재건의 임무를 맡고 있는 저로서도 절실히 실감하고 있는 부분입니다.

　이 책에는 제가 교세라, KDDI를 창업하고 경영하면서 추구한 인재상이나 조직을 살리기 위해 해왔던 저 나름대로의 회답과 가치관이 드러나 있습니다. 이 문답을 읽고, 유능한 인재가 없다고 고민해왔거나 조직을 활성화할 수 없다고 곤란해했던 경영자나 리더들이 해결의 힌트를 얻을 수 있다면 좋겠습니다.

　이번 출판을 앞두고 이 책의 편집에 협력해주신 일본경제신문출판사의 편집자인 니시바야시 게이지 씨께 진심으로 감사드립니다. 그리고 세이와주쿠에서 문답에 참여했던 수강생들과 오랜 시간 세이와주쿠 활동을 지탱해온 세이와주쿠 사무국 후쿠이 마코토 고문, 오오하시 겐지 사무국장, 그리고 교세라 주식회사 집행위원 수석비서실장인 오다 요시히토, 경영연구부의 키타니 시게유키, 하시우라 가요에게 사의를 표합니다.

혼란함이 깊어지고 있는 이 시대에 기업뿐 아니라 가지각색의 조직에 에너지를 불어넣어 활성화시킬 수 있는 리더가 많이 배출되었으면 좋겠습니다. 이러한 바람으로 이 책을 출판했습니다. 이 책이 리더를 목표로 하고 있는 분들과 인재의 활용법에 대해 배우고자 하는 수많은 독자들에게 도움이 되기를 진심으로 기원합니다.

2012년 1월

이나모리 가즈오

사장의 그릇
차례

問

1장

어떻게
활력 넘치는 조직을
만들 것인가

보이지 않는 부분이
경쟁력 차이를 만든다

기업 발전의 요소

—

경영자는 상품과 서비스를 사회에 지속적으로 공급하기 위해서, 그리고 직원이 안심하고 기운차게 일할 수 있도록 기업의 성장 발전을 염두에 두고 사업을 전개합니다. 하지만 지속적으로 굉장한 발전을 이어가는 기업이 있는 반면 쇠퇴해 오래지 않아 사라져버리는 기업도 있습니다. 그 둘의 차이는 어디에 있는 것일까요?

일반적으로 기업 발전에 중요한 요소는 사람, 물건, 돈, 즉 인재와 상품 및 설비, 자금과 같이 눈에 보이는 자원에 있다고 생각합니다. 하지만 저는 기업 경영의 목적을 담은 경영이념이나 경영철학과 같이 눈에 보이지 않는 것도 눈에 보이는 자원과 마찬가지로 기업이 번영하고 존속하는 데 아주 중요한 요소라고 생각하고 있습니다. 자금력이 있고 아무리 우수한 인재를 모집한다고 해도, 그 기업의 이념이나 철학이 명확하지 않고 직원들을 결집시킬 수 없다면 조직으로서의 힘은 발휘되지 않을 것입니다.

기업 문화의 중요성
—

회사 경영에 있어서 리더는 우선 무엇을 위해 회사가 존재하는지, 또 그것을 위해 어떤 가치관이 필요한지를 명확하게 하고, 이를 직원에게 보이고 공유해야 합니다. 공유할 수 있는가 없는가는 과연 그 경영이념이나 경영철학이 마음 깊이 공감할 만한 것인가에 달려 있습니다. 경영이념이나 경영철학이 대의명분에 기초한 것임과 동시에 직원의 행복을 추구하고 사회 발전에 이바지한다는 목적을 가졌음을 인식시킨다면 직원은 그것을 마음 깊이 받아들이고 업무에 집중할 것입니다.

그리고 경영이념이나 경영철학을 직원과 공유하기 위해선 리더의 말과 행동이 그 이념에 모순되지 않는 것이 무엇보다도 중요합니다. 훌륭한 이념이 있음에도 이익 지상주의에 빠지거나 불상사가 끊이지 않는 것은 리더가 모순된 말과 행동을 하고 있기 때문입니다.

경영이념이나 경영철학은 그 기업의 풍토나 문화를 만들어냅니다. 그 이념에 기초해 일하는 것은 회사에게도, 직원의 인생에도 굉장한 의미라고 할 수 있으며, 그러한 기업 문화를 만드는 것이 가능하다면 회사가 비약적으로 성장하는 것 또한 가능할 수 있습니다.

경영철학은 발전의 원동력

경영자가 함께 공부하는 장인 세이와주쿠에서 제가 주로 이야기하는 것은 경영자의 마음가짐이나 경영철학의 중요성입니다. 수강생은 저의 경영철학을 진지하게 배우고 자신의 철학을 만들어내 자기 자신을 다스리는 동시에 그 철학을 직원과 공유하는 것에 힘쓰고 있습니다. 그것을 실천하는 것을 통해 그때까지 불과 몇 퍼센트의 이익만을 내던 세이와주쿠 수강생의 기업이 몇 십 퍼센트의 이익을 낼 수 있게 된 사례가 다수 있습니다.

훌륭한 기업 문화는 중소기업 성장의 근간이 됩니다. 중소기업의 경우 자금, 설비, 인재 등 눈에 보이는 요소들이 대기업에 비해 부족할 수밖에 없습니다. 중소기업은 그러한 현실을 당연지사로 여기면 안 됩니다. 대기업이 잘 관심을 갖지 않는 눈에 보이지 않는 부분, 즉 기업 문화를 훌륭하게 만들어야 기업으로서의 경쟁력이 생겨납니다. 경영자는 기업의 사명과 목적을 명확하게 해 견실한 기업 문화를 만들고 직원과 가치관을 합치해가는 것에 최대한의 노력을 쏟아부어야 합니다.

훌륭한 경영이념에 기초한 기업 문화가 있으면 직원은 마음 깊이 찬동하며 회사 발전을 위해 자발적으로 행동하게 됩니다. 이러한 자발적 에너지야말로 기업의 재산이고 발전의 원천입니다. 그것을 지속적으로 유지하는 기업만이 시대를 넘어서 융성할 수 있습니다.

1

경직된 조직을
어떻게 바꿔야 하는가?

저희 회사는 지방에 위치한 자동차 판매 회사입니다. 자동차 대기업의 계열사로서 신차 판매를 중심으로 중고차, 자동차 용품 판매와 수리 업무를 하고 있습니다. 직원 수는 파트타임을 포함해 약 280명입니다.

40년 전에 아버지께서 창업한 회사로 아버지께서 사장이시고 저는 현재 전무를 맡고 있습니다. 렌터카 업체와 서점도 운영하고 있기에 사장인 제 아버지께선 사내에 있는 시간은 별로 없고, 현실적으로는 제가 중심이 되어 경영을 하고 있습니다. 저희 회사 매출은 지난해 1/4분기 결산 기준 약 85억 엔입니다. 3년 전의 실적과 비교하면 매출은 마이너스 18퍼센트이며, 경상이익도 크게 떨어져 적자를 보고 있습니다.

실적 악화의 최대 요인은 신차 판매 대수의 대폭 감소로 3년 전과 비교해 22퍼센트 감소했습니다. 이것의 가장 큰 이유는 잘 팔리는 차종, 흔히 말하는 히트 상품을 보유하지 못했기 때문입니다. 이렇듯 히트 상품 여부가 그해의 수익을 크게 좌지우지하는 상태는 브랜드 의존적 경영이라 할 수 있고, 따라서 장래적으로 불안할 수밖에 없습니다.

저희 회사 매출의 신차 비중은 약 70퍼센트가 넘으며, 신차 판매 대수의 증감이 그대로 회사 수익과 직결되는 식의 경영 체질이 자리 잡혀 있습니다. 그래서 신차 판매 지상주의에 입각한 판매 대수의 증가를 일인당 생산성의 향상으로 여기고, 이를 회사 방침으로 정했습니다.

사실 제가 중심이 되어 경영하게 된 2년 전부터 기존 방침을 개선하기 위한 시책을 계속 내놓았습니다. 하지만 이런저런 지혜를 쥐어짜 여러 가지 시도를 해봤으나 그다지 성과를 내지 못했습니다. 초조함을 느낀 저는 결국 직원들에게 엄한 어조로 접근해봤는데, 이는 2분기 연속 적자가 발생한 것과 맞물려 회사 분위기의 악화로 이어졌습니다. 회사 구성원 모두가 하나가 되어 회사 위기를 벗어나자고 하는 분위기와는 사뭇 다른 상태인 것입니다.

이러한 상태에 빠진 이유는 크게 두 가지라는 것을 저는 깨달았습니다. 첫 번째는 제가 생각해낸 새로운 회사 방침의 컨셉이 직원들 전부에게 구석구석 전달되지 않았다는 점입니다. 두 번째는 긴 시간 동안 뿌리 내린 회사 풍토에 문제가 있다는 점입니다.

첫 번째 문제의 경우 저의 방침이 직원들에게 전달되지 않은 것을 넘어 오해도 있지 않았나 싶습니다. 예를 들어 저희 회사는 원래 영업과 서비스 담당자를 고객당 각각 한 명씩 별도로 배치해왔습니다. 하지만 연계가 자연스레 되지 않아 애프터 서비스가 누락되는 경우가 종종 발생했습니다. 그래서 영업 부문과 고객과의 소통 창구를 통합시켜 애프터 서비스부터 점검 유치까지 한 영업 담당자가 진행을 하도록 맡겼습니다. 고객과의 유대를 깊게 하고 서비스 입차 대수의 증가를 노린 것입니다. 그런데 그것이 서비스 담당자의 직무 감소로 이어졌기 때문에 서비스 담당 직원의 명예퇴직을 고려한 처사가 아닌가라는 오해를 사고 말았습니다. 한편 영업 담당자들도 '우리들은 자동차 판매만 잘하면 되는데, 일거리가 늘어나버렸다'며 손해를 본다는 생각을 한 모양입니다.

이렇게 된 것은 임원 및 부장들의 회사 방침의 실현에 대한 뜻이 가지각색이고, 그들이 솔선수범해 새로운 회사 방침을 현장 직원들에게 심어주려 하지 않았기 때문이라는 생각이 들었습니다. 저의 방침에 공감하지 않고 아직까지도 신차 판매 중심의 가치관을 고집하며 톱다운으로 일을 시키려는 간부들이 있으며, 이들은 여전히 사내에서 커다란 영향력을 가지고 있습니다.

저는 저에게 공감해주는 간부들과 함께 단결된 경영진을 꾸릴 필요성을 절감했습니다. 근시일 내에 간부들을 전환 배치해 저와 공감할 수 있는 경영진으로 바꾸고, 새로운 회사 방침의 컨셉을 심어줌과 동시에 현장과의 양방향 커뮤니케이션을 높여 조직의 결집을 이루고 싶다는 생각을 가지고 있습니다.

두 번째의 회사 풍토 문제는 판매와 매출 목표를 설정해 강요하는 식의 방법론이 뿌리 내리고 있어서 명령이나 지시를 적당히 따른다면 충분하다고 생각하는 수동적인 직원이 많다는 것입니다. 다시 말해 자주적으로 행동하고 업무에 의욕을 가진 직원이 적습니다. 지금까지 인재 육성과 관련해 대처가 부족했고, 직원의 장점을 키워 적극성을 이끌어내기 위한 교육을 해오지 않았을 뿐만 아니라 인사 제도가 투명하고 명쾌하지 않았습니다. 그래서 보람을 느끼기 어렵고 자주성 있는 직원이 많지 않았다고 반성하고 있습니다.

또한 저희 회사는 전국의 판매점 평균과 비교해 정직원, 그중에서도 영업직원의 평균 연령이 꽤나 높습니다. 저희 회사의 정직원 평균 연령은 전국 평균과 비교해 3.8세, 영업 담당자의 경우는 5.2세 높습니다. 이는 앞서 말한 관습 편중의 회사 풍토로 인해 젊은 직원이 정착하기 어려운 사정에서 기인합니다. 연령이 높은 직원들이 많은 것과 더불어 조직의 활력은 전체적으로 저하되어 있고, 개혁이나 자립보다는 현상 유지를 바라는 보수적인 직원이 증가하고 있습니다. 이러한 회사 풍토가 직원들의 의욕 저하로 이어지고 실적이 오르지 않는 요인이 되고 있다고 생각합니다. 이에 저는 다음과 같은 회사의 모습을 목표로 하고 있습니다.

1. 밝고 긍정적인 마인드로 업무에 의욕적이며, 향상심과 밸런스 감각이 있는 우수한 직원이 많은 회사
2. 직원들을 소중히 키워내는 회사. 관습에 얽매이지 않고, 자립적으로 생각하고 행동하는 회사 풍토를 만들어 직원들이 업무를 통해 자기실현을 이뤄나갈 수 있는 회사

이를 위해 두 가지 방책을 생각하고 있습니다.

1. 관습적으로 목표에 따라 강요하는 업무 방식을

배제한다. 각 부문, 직종별로 분과회, 미팅 등을 개최해 회사 방침의 달성과 이에 대한 자기 자신의 적합한 모습에 대해 한 명 한 명이 스스로 생각할 수 있는 장소를 설정하고 자주성 있는 인재를 육성한다.

2. 사내 교육 체제를 충실하게 해 직원의 업무 수행 능력의 상승을 강력히 추진하면서, 한편으로 자극적인 채용 활동을 시행하고, 우수하고 젊은 직원들의 비율을 높인다. 평균 연령을 낮추는 것을 통해 조직의 활성화를 이끌어낸다.

앞으로 제가 추구할 방향성과 제가 목표로 하고 있는 회사 풍토를 뿌리 내리게 하기 위해 경영자로서 어떠한 대응을 해야만 하는지에 관해 가르쳐주시길 바랍니다.

조직의 경직화를 불러오는 것

—

아버님께서 설립하신 자동차 판매 회사는 그 분야 제조 회사의 성장에 따라 수익도 오르고 안정된 경영을 해왔습니다. 하지만 창업 후 40년이나 지나면 회사 조직은 경직되기 시작합니다. 아버님께서 창업자로서 회사를 이끌어가셨을 때에는 활력이 있었을지 모릅니다만, 직원이 280명으로 늘고 아버님께서 회사에 거의 얼굴을 내밀지 않게 되자 조직의 경직화·관료화가 나타나게 된 것이지요. 그것이 문제들 중 하나입니다.

다음 문제는 아버님의 뒤를 이어 젊은 당신이 사장으로서의 업무를 해야 하지만, 회사에는 아버님 시대부터 근무한, 당신보다 나이 많은 간부들이 많이 있다는 점입니다. 이것은 2대째 사업을 맡은 경영자들이라면 모두 공유하는 문제입니다. 경직화되고 관료화된 회사 안에서 젊은 2세 경영자가 뒤를 잇고 돌연 새로운 방침을 만들면, 불평이 생겨날 수밖에 없습니다. 간부들이 그것을 공감하기는커녕 '무슨 말을 하는 거야?' 하고 차가운 눈으로 보게 되는 것이지요.

이 두 가지 문제를 안고 있는 것 같습니다. 그러면 먼저 대처해야 할 것은 당신도 이미 알고 있듯이 '사장의 새로운 방침을 직원들에게 어떻게 심어줄 것인가' 입니다.

직원을 '선교사'로 만들어라
—

교세라 창업자인 저조차 회사 방침을 부하직원에게 전달하는 것은 매우 어려웠던 일입니다. 처음에는 기회가 있을 때마다 모두를 모아놓고 제 생각을 필사적으로 전달했습니다. 그랬더니 조직은 점점 커지고 28명이었던 회사가 100명, 200명, 500명의 규모가 되어갔습니다. 그러는 사이 사장인 저는 제조 부문도 살펴야 했고, 연구도 진행하지 않으면 안 되었습니다. 또 경영에도 참여해야 했습니다.

280명의 직원들에게 "저는 회사를 이렇게 이끌어가고 싶기 때문에 모두가 협력해주길 바랍니다"라고 전달하는 것은 이만저만한 일이 아닙니다. 또 말한다 해도, 의미를 이해해주기는커녕 오해를 받는다면 당신은 한탄하게 될 겁니다. 아버님 앞에선 얌전했던 간부들도 2세 경영자 앞에선 '성적도 안 좋았던 녀석이' 하는 눈으로 바라볼 수 있습니다. 당신이 초등학교에 다닐 때부터 봐온 간부조차도 '중학교, 고등학교 때 성적도 안 좋았는데, 대학 나오고 사장 아들이라고 벌써 전무라니…' 하고 생각할 수 있다는 것이지요. 이들은 애당초 당신에게 존경이나 신뢰를 가지고 있지 않은 상태입니다.

저는 창업자였기 때문에 제가 울든 웃든 간에, 또는 얼간이나 바보처럼 굴더라도 처음부터 사장이었습니다. 그런 저조차도 생각을 전달하는 것은 꽤나 어려웠습니다. 하물며 2세 경영자 입장에서 처음부터 당신을 얕잡아보고 있는 사람들을 설득하려고 하는 것은 더욱 어려운 일이 아닐 수 없습니다. 그렇다고 해서 자신이 280명의 직원들을 만나 직접 방침을 전달하고자 해도 그럴 시간이 없을 것입니다. 그렇기에 간부들과 이야기 해서 그 사람들로 하여금 전달하도록 하는 방법밖에는 없습니다.

저도 직원이 200명, 300명으로 증가하던 시기에 가장 많이 고민했습니다. 그 당시 저는 저를 마음 깊이 존경하고 저 대신 직원들에게 이야기해줄 수 있는 그런 간부를 만들어야겠다고 생각했습니다. 기독교의 선교사가 에도 시대의 초기 봉건 사회 시절 나가사키 지방에서 목숨을 걸고 포교한 것처럼, 제 생각을 직원들에게 설명해줄 간부가 주변에 있었으면 하고 생각했습니다. 그러한 간부가 없다면 몇 천 명, 몇 만 명의 조직이 되었을 때 회사가 와해되고 말지 않겠습니까? 저의 사상, 철학을 목숨을 걸고 전달해줄 선교사와 같은 사람을 원했습니다. 그런 간부를 만들지 않으면 안 된다고 생각했습니다.

지금 당신도 '자신과 공명하고, 공감하고, 자신의 생

각을 전달해줄 간부를 만들고 싶다'고 생각하고 있습니다. 그것은 조직을 운영해나가는 데 절대적 조건입니다. 저도 같은 생각을 했었습니다만, 좀처럼 그런 사람을 만들 수 없었기 때문에 농담이 아니라 진심으로 '손오공이 되고 싶어'라고 했을 정도입니다. 손오공은 자신의 머리카락을 뽑아 후 하고 불어 얼마든지 자신의 분신을 만들 수 있습니다. '손오공이 되어 분신을 만들 수 있다면 가치관을 분신에게 전달시킬 수 있겠지' 하고 생각할 정도로 절실히 제 생각을 전달해줄 사람을 원했던 것이지요.

그러기 위해 저는 필사적으로 그런 사람을 양성하고자 모든 기회를 활용해 호소했습니다. 그랬더니 '선교사를 원한다'는 저의 생각을 귀에 딱지가 지도록 들어온, 창업 당시부터 함께해온 사람들이 "사장님이 그토록 원한다면, 제가 그 임무에 적합하지 않을지도 모르지만 그 일익이 되겠습니다" 하고 나서는 것이었습니다. 그런 사람들이 솔선수범하여 간부가 되어준 것입니다. 당신의 생각에 공명하고 그 생각을 직원들에게 전달해줄 '선교사'가 나올 수 있도록 스스로 노력해 간부와 이야기해야 합니다.

잘 설득한 후에 명령하라

———

다음으로 '사풍을 바꾸고 싶다'고 하셨지요. 일에 있어서 명령하고 강요하는 방식을 배제해 각 부문끼리 분과회를 형성하고, 직원 한 명 한 명이 생각할 수 있는 장소를 만들고, 자주성을 가진 인재를 만들고 싶다고 말했습니다.

지금 당신이 회사의 오래된 간부들에게 이런저런 업무를 지시해도 그것이 잘 이뤄지지 않는 이유는 조직이 관료화되고 비정상적으로 경직화되어 있기 때문입니다. 그리고 한편으로는 당신 자신이 명령만 하면 사람들이 움직일 거라는 생각을 하고 있기 때문이기도 합니다. 그저 명령하지 말고 왜, 지금 이것을 해주지 않으면 안 되는지를 당신이 하나하나 설명해줘야 합니다. 모두가 '아하, 그렇군. 그렇다면 나도 힘써보지' 하고 생각할 수 있도록 먼저 설득을 한 후 지시해야 합니다. 아무런 설명도 없이 그저 무언가를 명령하는 것만으로는 사람들을 결집시킬 수 없는 것이 당연합니다.

당신의 회사 문제는 긴 역사로 인해 경직화된 조직과 관료적이 되어버린 간부들에 있습니다. 그렇기 때문에 조직이 기능하지 않는 상태가 되어버린 것입니다. 당신은 직원 한 명 한 명이 생각할 장소를 제공하고 자주적으로 행동하게 하려 합니다만, 그것만으로는 문제가 해결되지 않습니다. 경직화된 조직을 개혁하고 관료적인 간부들을 배제해야 한다고 생각합니다.

회사에 '메이지 유신'을 일으켜라
—

우선은 당신이 훌륭한 지도력을 발휘해 당신의 회사 경영에 대한 컨셉을 이해해줄 간부를 양성시킬 필요가 있습니다. 그 사람들의 인심을 모으는 것이 당신이 심혈을 기울여 몰두해야 할 부분이라고 생각합니다. 그러기 위해선 당신의 생각에 공감하지 못하는 간부를 조금씩이라도 내보내는 것이 필요할지도 모릅니다. 이것은 아버님과도 잘 상의해야 할 중대한 문제라고 생각합니다. 당신에게 공감해주는 사람들에게 "아버지의 시대부터 함께해온 간부들은 새로운 방침에 비협력적입니다. 저를 중심으로 한 젊은 간부들과 이 회사를 이끌어가고자 합니다"하고 이해를 구해야 한다고 생각합니다. 사내에 커다란 영향력을 가지고 있는 사람들을 천천히 내보내고 젊은 사람들로 회사를 경영해간다는 것은 이른바 혁명이라 할 수 있는 것입니다.

그것을 실행하게 되면 일시적으로 혼란스럽게 될 가능성이 있기 때문에 면밀히 가다듬어 당신 자신이 많은 열정을 불태워야 한다고 생각합니다. 그러니까 우선은 당신과 함께 목숨을 걸고 이 회사를 재건하고자 하는 동지를 만드는 것이 중요합니다. 이를 위해 당신이 어떤 가치관을 가진 인간이고, 회사를 어떻게 이끌어가고 싶은지 철저히 이야기해야 합니다. 부하직원들이 당신에게 공감하고 '간부로서 함께 이끌어간다' 하는 마음이 고양될 수 있도록 해야겠지요. 저라면 아버님께도

양해를 구한 다음 이런 일을 진행하겠습니다. 아버님은 회사를 엉망진창으로 만들 수 있다는 이유로 쉽게 그것을 인정하지 않으실 수 있습니다. 하지만 그 일은 이른바 메이지 유신과 같은 혁명의 개막이라고 생각합니다. 당신이 젊은 사람들과 주간에 빈번히 만날 수 없는 상황이라면, 업무가 끝난 밤에 모여 이야기를 나누고 진정한 동지적 결합을 이뤄나가야 합니다. 메이지 유신을 계획했던 일당들이 매일 밤 교토에 모여 이상적인 미래에 관해 열띤 토론을 한 것과 마찬가지입니다.

그러니까 그러한 일을 함께할 직원을 찾아내 당신의 생각을 이야기하고 그를 마음 깊이 찬동해주는 충성심 있는 부하로 만들어야 한다는 것입니다. 이렇게 해야 더디더라도 당신이 추구하는, 직원이 스스로 생각하고 행동하는 회사 풍토가 자리 잡을 것이라 생각합니다.

2

모두가 납득할 만한
평가법이 있는가?

저희 회사는 40년 전에 창업한 합성수지 업체로서 폴리에틸렌 필름을 생산하고 있습니다. 매출액은 약 90억 엔이고, 경상이익이 약 4억 엔, 직원은 약 400명입니다. 창업 당시부터 2차 가공, 즉 필름 성형을 한 이후의 성체 가공을 업계에서 선도해 내제화한 것으로 경쟁력을 키웠습니다. 또 판매와 관련해선 지방뿐 아니라 일찍부터 관동, 관서에 영업소를 내었습니다.

처음엔 TV 케이스를 포장하기 위한, 폴리에틸렌을 라미네이트한 제품을 특정 가전 회사에 납품했습니다. 하지만 1965년 후반부터 TV 케이스가 무광으로 바뀌면서 기존 제품은 사용하지 않게 되었습니다. 그래서 발포폴리에틸렌이라는 완충재를 사용해 새로운 제품을 개발했고 일본의 가전 회사는 모두 이를 채용했습니다.

오일쇼크 이후 이 발포폴리에틸렌을 내재화하기 위해 자회사를 설립했습니다. 설립 이후 가전 회사들이 생산 거점을 해외로 옮기는 등의 우여곡절이 있었습니다만, 발포 분야를 중심으로 한 합성수지 제품 개발에 적극적으로 매진해 다양한 판매로를 개척해왔습니다.

창업한 지 25년 뒤에는 관서, 그리고 그 2년 뒤에는 관동에 제조 자회사를 설립했습니다. 2개의 자회사를 연달아 설립한 것은 저희 회사의 제품 비용에 운송비가 차지하는 비율이 매우 높았기 때문에 소비지 근처에서의 생산이 불가피했기 때문입니다. 최근에는 플라스틱 골판지 사업을 시작해 현재에 이르렀습니다.

이렇게 저희 회사의 그룹은 현재 5개의 계열사로 구성되어 있습니다. 모회사 외 4개의 자회사는 제조 회사이고, 판매는 모회사인 저희 회사가 전부 도맡아 하고 있습니다. 판매 영역은 일본 전역이며 포장 자재, 일회용품, 건설용 자재 등의 분야에서 용도를 찾았습니다.

이것이 저희 회사의 특징입니다.

제가 사장이 된 지는 7년째가 됩니다. 제 아버지이자 창업자인 회장님은 수년 전부터 건강을 잃으시고 현재는 회사에 대해 상담조차 해주지 못하는 상황입니다. 제가 사장이 되고 한동안은 젊은 간부를 실무 중심에 세움과 동시에 저의 가치관인 '사는 보람, 일하는 보람이 있는 직장을 만들어 업계 최고의 회사가 되자'를 목표로 세웠습니다. 아직 부족하지만 그래도 간부급은 저의 가치관을 이해해주고 있다고 생각하고 있습니다. 조금씩 어려워지고 있는 합성수지업계를 고려해 저희 회사에선 생산의 효율성을 한층 더 높이고 영업 방법의 재검토 등을 실시할 예정입니다. 특히 직원 평가와 직급 제도의 재검토를 추진하고자 생각하고 있습니다.

이와 관련해 예전에는 상사의 감정에 따라 다르게 적용되는 등 부서마다 평가 방식이 제각각이어서 그에 관한 명확한 기준이 없었습니다. 또한 버블 경제 당시부터 현재 8단계로 나뉘어 있는 직급 제도의 운용도 잘 이뤄지지 않게 되었습니다. 직책 수당을 개인 생활비로 간주하는 부서도 있고, 부서에 따라서는 거의 모든 젊은 직원에게 반장이나 부반장과 같은 직책이 붙게 된 상황입니다. 이에 따라 거의 모든 젊은 직원에서 승진과 관련한 폐해가 발생했습니다. 이러한 문제점을 근거로 저는 다음과 같은 가치관을 추진하고 있습니다.

우선 평가에 있어서는, 3년 전부터 과장 이상의 관리직에 대해 예산에 비례한 실적을 숫자로 제출하게 하고, 예산의 실행 항목에 대해 상사의 평가를 점수화해서 이를 합산하는 것으로 바꿨습니다. 이에 앞서 4년 전부터 상여금은 업종 연동형으로 만들어 상여금을 제외한 손익에 대해 일정 비율로 상여금의 총액을 결정하는 구조를 정착시켰습니다. 또 관리직에서는 일정 범위 내에서 상여금과 승진을 결정하게 했습니다.

하지만 도쿄와 간사이 지방의 경우 주식이나 거래 대상의 상태가 다르다는, 즉 환경에 따라 평가가 좌우되는 일이 많고, 공장의 경우 만들고 있는 제품이 달라 공평한 평가가 어렵다는 문제점이 있습니다. 또 예산과 관련해선 실적으로 평가 수치를 산출하게 하고 있습니다만, 업무 난이도에 따른 차이나 목표를 달성하면 그것으로 만족해버리는 모순이 발생해서 최종적으로는 간부회의에서 조정해 결정하고 있습니다. 이 평가에 관해서는 최종적으로는 개인, 아니면 작은 집단의 수치적 목표와 목표 관리를 평가의 기준으로 삼을 예정입니다.

직급 제도의 재검토와 관련해서는 다음과 같은 기본적인 가치관을 통해 추진하고 있습니다. 첫 번째로, 연공서열이나 학력, 경력 등이 아닌 진짜 실력에 의해 리더가 선출되도록 하는 것. 두 번째로, 8단계의 직급을 줄여 의사소통을 원활히 함과 동시에 각각의 적성에 맞게 조직의 리더가 되는 사람과 전문성을 살릴 수 있는 사람으로 나누는 것. 세 번째로, 목표대로 업무가 이어지는 한 이러한 재검토를 할 때 현재의 담당자 대우, 즉 수당 등의 금전적 보장과 같은 부분이 개정 이후 불이익을 받지 않도록 하는 것입니다.

이상과 같은 가치관을 기초로 하여, 우선 진짜 실력

으로 리더를 선출하는 것을 목적으로 발탁 규정을 설명했습니다. 그리고 책임 능력이나 기술 수준에 따라 8단계의 직급을 부여하고 조직의 책임자로서 직위를 부여하는 방향으로 검토하고 있습니다.

이러한 평가나 직급 제도의 재검토와 관련해서 평가에 관한 기준은 어떻게 하면 좋은가에 대한 의견을 듣고자 합니다. 전에 비해 평가 결과의 차이를 벌리는 식으로 조절하게 되었습니다만, 모두가 납득할 수 있는 결과를 얻지 못해 계속 재조정을 하는 실정입니다. 영업처럼 확실하게 숫자로 표현하기 쉬운 업무와 그렇지 않은 업무, 각지에 흩어져 있는 부문들을 아우르는 평가 방법은 어떻게 정하면 되겠습니까?

아울러 저는 직급 제도의 재조정이 해당 직원에 대한 대우 변화로 이어지지 않게 하고자 합니다. 이러한 저의 가치관에 대한 의견을 듣고 싶습니다.

이나모리 가즈오의 조언

룰에만 의지하지 말고
경영자가 직접 직원을 살펴보라

평가의 룰에는 모순이 생긴다

당신의 회사는 매출액이 90억 엔 정도고, 약 4억 엔의 경상이익을 올리는 400명 정도의 직원이 있습니다. 역사도 40년 정도 되었고요. 역시 40년이나 운영된 만큼 회사 전체 조직이 매우 느슨해지고 온정주의로 임금이 결정되어, 성과가 좋고 나쁨에 관계없이 급여가 올랐을 것입니다. 또 직무수당 채택 시 일정 연수가 지나면 계장이나 과장으로 진급시키게 되고 모두가 책임자가 되어버리는 경향이 생겨버리지요. 이래선 안 된다는 위기감을 가지고 현재의 급여나 상여, 직급에 관해 재검토를 하고 싶다는 생각이십니다.

이는 매우 어려운 일입니다. 일본의 경우 대부분 연공서열로 임금을 올려주기 때문에 저도 조금 더 강약을 조절한 룰을 채택하고자 이런저런 생각을 해봤습니다. 그때 지금의 당신과 마찬가지로 공정하게 평가 가능한 합리적인 룰을 만들 순 없을까 고민해본 것이지요. 하지만 그것이 잘 진행되진 않았습니다.

사람을 평가하는 것만큼 어려운 일은 없습니다. 20~30명의 직원밖에 없더라도 사람을 평가하고 급여를 올려준다거나 하는 것은 꽤나 어려운 일입니다. 매우 어렵고 하기 힘든 일이기 때문에 경영자들 모두가 룰을 정한 뒤 객관적인 평가를 하는 방법을 사용하는 게 아닐까 생각합니다.

그러나 룰을 정한다 해도 금방 모순이 나타나 몇 년 이상은 사용하지 못하기 마련입니다. 혹여 '룰을 정해 잘 운영하고 있습니다'라고 말하는 기업이 있다고 하더라도, 그것은 정말로 잘 운영되고 있는 것은 아니고 잘 운영되고 있다고 생각하고 있을 따름입니다. 노동조합과 함께 룰을 만든다 해도 불평불만이 나오지 않도록 만드는 정도일 뿐이고 그것을 잘 운영하고 있다고 생각할 따름이지요. 이는 절대로 회사를 활성화하거나 발전시키는 데 도움이 되지 않습니다.

지금 당신이 생각하고 있는 것처럼 연공서열로 모두가 직급이 생기는 것이라는 생각에 저 역시 직급 제도를 없앴습니다. 부장, 과장, 계장과 같은 호칭도 없앴습니다. 그리고 A씨에게 20명의 그룹을 관리해 달라, B씨에게는 이 공장을 관리해 달라와 같이 업무를 분배하고, 그 부분의 책임자로 세우는 책임자 제도를 시작했습니다. 업무가 잘 진행되지 않아 책임자를 경질시키면 다만 일반 직원으로 돌아갈 뿐입니다. 그 경우엔 다른 사람에게 책임자를 맡깁니다. 부장이나 과장 같은 호칭이 있다면 부장이 과장으로 내려앉게 된 경우 "면목이 없습니다"라며 사직하게 됩니다. 그렇기 때문에 저는 호칭을 두지 않고 책임자와 일반 직원으로 구분했습니다.

그럼 급여는 어떻게 할 것인가. 저의 경우 자격 제도라는 것을 사용했습니다. 자격이라는 것은 직원의 직무 능력에 대한 대우를 나타내는 것입니다. 자격에는 참사, 부참사와 같은 랭킹이 있어서 급여는 이 자격을 기본으로 하고 여기에 연공서열을 가미해 결정합니다. 또 책임자가 되었다고 해서 직무수당을 주지 않기 때문에 책임자에서 내려오게 되었다고 해서 급여가 낮아지거나 하진 않습니다.

이렇게 직원 대우에 관한 기준은 자격을 통해 나누고, 직책을 맡는 책임자에겐 이따금 적임자를 임명하도록 했습니다. 그래서 참사, 부참사와 같은 자격을 나타내는 표현은 사내에서도 일반적으로 사용하지 않았습니다. 사내에서 사용하는 표현은 책임자라는 명칭뿐이었습니다.

성과주의를 통한 활성화는 어렵다
—

어떻게 하면 직원들에게 의욕을 불어넣을 수 있는가는 리더의 영원한 과제입니다. 가장 어려운 것은 직원을 평가하는 것입니다. 직원을 승진시키고 평가하는 것, 다시 말해 '이 사람은 성과가 좋지 않으니 강등시킨다'라는 것도 매우 어려운 일입니다. 그것은 그 평가가 본인만의 문제가 아니고 주위 사람들에게도 크나큰 영향을 미치기 때문입니다. 성과는 두드러지지 않지만 성실하게 일해줘서 한 직원을 승진시켰다고 합시다. 본인은 기뻐할지 모르겠지만, 다른 직원들이 볼 때는 저런 녀석도 승진하는데 왜 내가 승진하지 못하는 걸까 하고 역으로 일할 동기를 잃게 됩니다. 또 그를 강등시킨다면 이번엔 자신도 강등 당할지도 모른다는 공포심에 사로잡힐 수 있기 때문에 다른 직원들 또한 일할 동기를 잃게 됩니다.

이렇듯 평가라는 것은 어려운 것이지요. 혹시 그런 룰 만들기를 고민한 끝에 좋은 방법을 알게 된다면 저에게도 알려주셨으면 하는 바입니다. 평가하는 데 있어 편한 룰은 없습니다. 역시 제대로 평가하고자 생각한다면, 사장이 400명의 직원을 심혈을 기울여 관찰해야만 합니다. 그러기 위해서는 사장이 스스로 그 조직의 중심에 들어가야 합니다. 즉 회의 등에 전부 참석해야 합니다.

물론 업무도 중요합니다. 당신의 회사는 5개의 계열사로 이뤄져 있고, 그 각각의 회사는 부문별로 나뉘어 있으므로 부문별 업무는 관리회계를 통해 진행되겠지요. 당연히 경영자를 포함해 그 부문의 모두가 '다음 분기는 어떻게 할 것인가'와 같은 목표를 세울 것입니다. 그 목표를 가지고 그것을 달성해가는 과정이 곧 업무가 될 겁니다.

이 경우 그 객관적인 평가 방법으로서 성과주의를 채택하는 기업이 많은 것 같습니다. 성과를 올린 사람에게는 많은 보상을 해주고, 올리지 못한 사람에게는 별도로 보상을 해주지 않는 식이지요. 하지만 성과주의로 직원의 일할 동기를 높이고자 해도 쉽게 높아지는 것이 아닙니다. 누군가에게 목표를 주고 실적을 올린다면 좋은 평가를 해줘야 할 것입니다만, 목표를 달성하지 못했다 하더라도 필사적으로 노력한 사람에게는 노력한 것에 대한 평가를 해줘야 합니다. 그렇지 않으면 이후 일할 동기가 생기지 않습니다. 결과의 수치만이 문제가 아닌 것입니다.

그러한 인간의 정이나 심리를 고려한다면 평가는 이론대로 이뤄지지 않습니다. 실적이 늘어나면 상여금은 올라가고, 실적이 내려가면 감소한다는 성과주의는 심플하고 객관적으로 보여 대기업을 시작으로 많은 기업들이 사용해왔지만, 잘 운영되지 않았던 이유입니다. 그 방식만으로는 직원이 의욕을 잃게 됩니다.

실적이 올라서 보너스를 많이 받게 되면 모두들 기뻐서 힘이 넘칠 것입니다. 반면 불황 때문에 실적이 나빠져 보너스가 없을 때는 문제가 생기지요. 집에는 부인과 자식들이 있고, 이번 보너스는 얼마나 받을까 하고 기대하고 있는데, 보너스가 없다 하면 주택 대출 등을 떠올리며 모두들 불만을 갖게 됩니다. 이 경우 지난번 다른 회사에 비해 두 배가 넘는 보너스를 받아 기뻐했던 그 누구도 '지난번엔 두 배를 받았으니 이번엔 못 받아도 괜찮아' 하고 생각하지 않습니다. '회사 실적이 나쁜지는 모르겠지만, 먹고살아야 하는데 곤란한 걸' 하며 순식간에 의욕을 잃어버리게 되지요.

경영자는 일류 심리학자여야 한다

결국은 실적이 좋을 때도 무리하지 않고 적절히, 나쁠

때는 이를 악물고 직원의 생활을 고려해 뒤를 봐줘야 한다는 가치관이 필요합니다. 직원의 생활을 고려한다면 좋을 때는 보너스를 넉넉히 주고, 나쁠 때에는 주지 않아도 된다고 생각해선 안 될 것입니다. 인간은 모두 감정의 동물입니다. 그렇기에 경영자라고 하는 사람은 훌륭한 심리학자여야 합니다. 일하는 사람들의 감정이 어떻게 흔들리고 움직이는지를 읽지 못한다면 경영자라 할 수 없습니다.

평가의 룰을 정해 시행하는 것이 가장 편합니다만, 그런 것을 시행하기보다는 정말로 심혈을 기울여 직원을 관찰하는 것이 중요합니다. 제 경우는 부문별 회의 등에 나가 그 안에서 직원들이 어떤 의견을 내고 어떤 수치를 사용해 설명하는지 등의 모습을 확실히 살펴봤습니다. 업무에서 떨어져나와 함께 회식도 하면서 '역시 이 직원은 착실하구나', '이 직원은 무책임하구나', '회의 때는 있어 보이는 말을 하지만, 인간적으로는 글렀구나' 식으로 제대로 직원을 파악하고 최종적인 평가를 내려야 합니다. 또 간부들에게도 그런 방법으로 부하직원들을 평가하라고 지시해야 합니다. 어떤 룰을 정하고 '여기에 따라 평가를 하라'가 아니라 함께 일하면서 자신의 부하직원을 제대로 관찰하고 있는가를 보도록 하는 것이 중요하다고 생각합니다.

급여 수준, 보너스 수준은 어느 정도로 정하는 게 좋을 것인가에 관한 문제는 역시 동종업계 타사의 자료를 모아 참고하는 것이 좋습니다. 동종업계 타사나 같은 지역의 회사들과 비교해 절대로 뒤떨어지지 않는, 오히려 그것보다도 약간 좋은 대우를 하는 것이 좋습니다. 실적에 따라 올리고 내리기 보다는 세간에서 하는 것을 보고 따라하는 것이 좋지 않을까 생각합니다.

사람을 평가하는 것은 정말로 어려운 일입니다. 그런만큼 이 부분은 직원의 심리를 잘 고려해 심혈을 기울여 진지하게 다룰 문제라고 생각합니다.

3

사풍을 어떻게
조성하면 좋을까?

저희 회사는 OEM(주문자가 요구하는 제품과 상표명으로 완제품을 생산하는) 방식으로 어묵과 냉동식품 제조, 그리고 자사 브랜드로 건어물 중심의 해산물 제조를 하고 있습니다. 제가 3대째가 되며, 매출액은 재작년에 약 14억 엔, 작년의 경우 13억 엔이었습니다. 원료인 생선 가격이 오르는 것을 상품 가격에 반영하지 못하는 한편, 수익성이 높은 상품 구성으로 바꾸지도 못해 이익이 감소하고 있는 실정입니다. 직원은 간부 3명을 포함해 33명, 그 외에 파트타임 직원이 60명 정도입니다.

저는 경영자의 성과라는 것은 풍부한 정보와 사람, 물건, 돈과 같은 경영 자원을 효율적으로 사용해 이익을 창출하고 회사의 비전과 이념을 달성하는 것이라고 생각합니다. 그러기 위해서는 경영자 자신이 확고한 신념을 확립하고 더 나아가 높은 인격을 가질 필요가 있다고 여기고 있습니다. 한편 성과가 나느냐 여부는 각 제조 현장, 영업장 또는 사무 부문에 배치된 직원의 노력에 달려 있다고 생각합니다. 그렇기 때문에 직원들과 생각을 공유하고 서로 이해하는 인간적인 소통이 필요하다고 생각합니다. 이른바 경영마인드나 철학이라 할 수 있는 문제라고 생각하고 있습니다. 저는 인재 육성의 포인트를 어디에 두어야 하는지와 발전성 있는 회사를 구축하려면 사풍을 어떻게 형성해야 하는지에 대한 조언을 얻고 싶습니다.

인재 육성과 관련해 제가 저희 회사에 부족하다고 생각하는 것은 회의 중에 적극적인 발언이 부족하다는 것, 개선을 필요로 하는 사항에 관해 변명이 많다는 것, 대책을 강구할 때에도 말도 안 되는 이유를 늘어놓는 것, 업무 수행 결과에 대한 책임감이 없는 것 등입니다. 저는 각자의 역할과 입장에 따라 그룹의 목표, 회사의 목표, 또는 개인의 목표를 향해 적극적이고 과감한 행동을 하는 직원이 이상적이며 또 그것이 당연하다고 생각합니다. 그러한 이상적 모습을 실현하기 위해 매일 현장 간부를 대상으로 라인별 조례를 열고 있고, 월마다 제품 검사회의와 부장 이상의 전원을 대상으로 실적 검토회의를 실시하고 있습니다. 또 연초에는 경영 방침 발표회를 열고 있으며 올해부터는 사외 연수도 시작했습니다. 그 결과 이번 분기 매출이 15퍼센트 증가했고, 경상이익도 약 3,000만 엔이 올랐습니다.

다음으로 사풍에 대한 질문입니다. 발전 가능한 회사에는 반드시 좋은 사풍이 있고 그것이 직원들에게 공유되고 있다고 생각합니다. 저 자신이 목표로 하고 있는 것은 목표를 향해 항상 창의적인 공부를 하고 명랑하고 쾌활한 마음과 적극적인 행동으로 전 직원이 일치단결하는 사풍을 만드는 것입니다. 그러기 위해 '항상 창의적인 공부를 하자. 언제나 긍정적으로 생각하자. 절대로 포기하지 말자'와 같은 행동 지침을 게시하고 밤낮으로 노력하고 있습니다만, 좀처럼 성과가 나지 않고 있습니다. 현재 저는 직업상 지역 회합이나 일정 외의 손님 대응에 쫓겨 일에 몰두하기 힘든 상황입니다. 이러한 스케줄 관리를 포함해 직원이 마음 깊이 납득하고 공유할 수 있는 사풍을 만들려면 어떻게 공부하고, 어떻게 행동해야만 하는지 가르쳐주시기 바랍니다.

이나모리 가즈오의 조언
경영자가 현장에 있지 않으면 사풍은 만들어지지 않는다

현장에 이익이 있다

―

경영에 관해 매우 잘 공부해 경영이념을 만들고 그것에 기초한 경영을 하고 있군요. 그것 자체는 매우 훌륭하고 잘못되지 않은 행동입니다만, 당신의 경우 공부하면서 머리로만 생각한 경영이념을 세우는 식, 즉 회사의 마땅한 모습이라 여긴 무언가를 그저 형태만 꾸며놓은 게 아닌가 하는 생각이 듭니다. 서두에 업무가 어묵, 냉동 제품 제조라 말했고, OEM 방식으로 납품한다고 했습니다. 납품처는 거기에 이익을 붙여 소매점에 팔 것입니다. 그러니까 자사 브랜드로 만들어 직접 판매하는 것과 비교하면, 20퍼센트에서 30퍼센트 정도 싸게 납품해야겠지요.

그러려면 재료 선정에 있어서 일반적인 어묵을 만드는 회사와 같은 물건을 구입하는 것으로는 가격이 맞지 않을 것입니다. 판매 가격이 15퍼센트에서 20퍼센트 정도 저렴하니까 재료 구입 단계에서 좋은 물건을 동종업계 타사보다 좀 더 싸게 구입하지 않으면 안 되는 것입니다. 거기에 더하여 중요한 것은 직원 한 명당 생산성이겠지요. 직원들이 타사에 비해 효율 좋게 일해주지 않는다면 같은 수준의 원가가 될 뿐입니다. 그래서는 이익이 날 수 없습니다.

당신은 경영에 필요한 것에 대해 나름대로 공부한 것을 여러 가지 나열했습니다. 예를 들어 '경영자의 성과라는 것은 풍부한 정보'라고 말했습니다만 풍부한 정보 같은 건 별로 중요하지 않습니다. 또 '사람, 물건, 돈과 같은 경영자원을 효율성 있게 활용 하는 것' 역시 크게 관계없습니다. '성과가 나오느냐 나오지 않느냐'는 각 제조 현장, 경영 현장 또는 사무 부문에 배치된 직원들의 노력에 달려 있다고 생각한다'라고 했던 말대로, 그러니까 당신이 현장에 나가야 합니다. 이익은 현장에 있기 때문입니다. 현장의 직원이 짊어지고 있는 것이 중요한 것이 아니라, 당신 자신이 현장에 가서 이익을 낼 수 있도록 해야 하는 것입니다.

OEM 방식이라 가뜩이나 수주 금액이 낮기 때문에 처음부터 재료들을 음미해 좋은 것을 다른 곳보다 싸게 구입하지 않으면 안 됩니다. 그 구입처가 수십 킬로미터 멀리 떨어져 있더라도 당신 자신이 직접 트럭을 몰고 가야 하는 것입니다. 택배 회사를 이용하면 그만큼 비용이 들겠지요. 당신이 지금 승용차를 몰고 있다면 그것을 팔아서라도 트럭을 사야 합니다. 그것을 사용해 다른 사람들이 가지 않을 만한 먼 곳까지 가서 싸게 구입해오지 않는다면 이익은 나지 않습니다. 그 현장에 이익이 있는 것입니다.

12억 엔, 13억 엔의 매출이 있으니까 만약 OEM이나 하청이라 해도 10퍼센트의 이익 정도는 간단히 낼 수 있을 것입니다. 지금 당신이 할 일은 이익을 낼 수 있도록 하는 것입니다.

현장을 엄격히 추궁하라

직원의 마음을 붙잡고, 어떻게 인재를 육성하는가'라는 질문을 했습니다만 당신은 1년에 한 번 경영 방침 발표회나 현장 간부와의 조례, 제품 검사회의, 그리고 부장 이상의 전원을 대상으로 실적 검토회의에 힘을 쏟고 있다고 했습니다. 물론 그런 것들도 중요합니다만 그것은 매일의 경영 현장에서 추궁이 이뤄지고 있을 때 처음으로 의미를 가지게 되는 것입니다.

이익이 나지 않는 현장에 가서 당신이 "원가를 싸게 하려면 어떻게 하면 좋을까. 이런 것만으로는 이익이 날 수 없지 않겠는가" 하고 추궁해야 하는 것입니다. 예를 들어 어묵 제품을 만들고 있는 현장의 재료 보관소로 가게 되면 거기에는 아마도 조미료 같은 것들이 쌓여 있겠지요. 그 모습을 하나하나 살펴보면 뭔가 흐트러져 있는 걸 발견할 수 있을 겁니다. 그럼 그것에 대해 지적을 하는 겁니다. 그렇게 날림으로 관리를 하니까 이익이 나지 않는다고 말입니다. 원료를 소홀이 하면 원가가 높아지기 마련입니다. 그러니 그러한 것을 줄이도록 추궁하고 고치게 해야겠지요.

결국 경영자 스스로가 현장을 잘 알고 있어야 합니다. 잘 알고 이를 줄이기 위해 추궁해야 전날의 결과를 발전시킬 수 있는 것입니다. 그러한 추궁 없이 조례에서 아무리 이야기해봤자, 그것은 그저 쇠귀에 경 읽기에 지나지 않습니다.

어쨌든 10퍼센트의 이익을 내기 위해 어떻게 해야 하는지를 생각하는 것, 이것에 집중해야 합니다. 직원과 간부직원을 모아 회의를 해도 의미 없다고 이야기했지요? 적극적인 의견이 계속 나올 정도면 누구도 회사를 경영하는 데 고생을 겪지 않습니다. 그런 의견이 나오지 않는다면 당신 자신이 현장에 가서 직접 지시해야 하는 겁니다. 물론 그 말들의 내용이 잘못된 것이선 안 됩니다. 즉 당신 자신이 업무에 정통해야 합니다. 아쉽게도 지금의 당신은 업무에 정통해 있지 않은 것입니다.

그 증거로 당신 자신이 지역 회합이나 손님에게 시간을 할애해 업무에 집중할 수 없다고 이야기한 것을 들 수 있습니다. 예정에 없던 손님과는 만날 필요가 없습니다. 그것은 아무것도 하지 않는 것과 마찬가지입니다. 업무 하나에만 집중해야 합니다. 이렇게 엄격히 말하는 것은 이 정도로 이야기하지 않으면 당신의 가치관이 바뀌지 않을 것이라 생각해서입니다.

현장에 정통하라

오늘 이후로 바로 솔선수범해 현장에 나가십시오. 현장이 가장 중요합니다. 저는 모두에게 "이념을 만드십시오. 철학이 중요합니다"라고 이야기해왔습니다. 누군가에겐 그것들이 중요하지만 이념이나 철학만 선행해봐야 아무런 소용이 없습니다.

경영은 이익이 날 수 있도록 하는 것이 가장 중요합니다. 그러기 위해선 당신이 매일 현장에 나가 현장의 전문가가 되어야 합니다. 현장에 나가 직원들이 "더는 시끄러워 못 참겠네"라고 할 정도로 되지 않으면 안 됩니다. "사장이 된 게 엊그제 같은데, 별거 아닌 것까지 조사해 잘 알고 있네. 전에는 현장에 안 와서 편했는데 요즘은 일요일까지도 현장에 와서 상자를 열어보질 않나, 뚜껑을 열어보질 않나 하니깐 대충 일하는 척할 수도 없고 피곤해. 요즘 누가 알려준 건지, 매일 작업복 입고 제조 현장에 들어와서 '나도 돕겠네' 하고 말하고 있으니, 여기저기서 조사도 해왔는지 업무 용어도 다 쓰고 말이야. 못 당하겠는 걸." 이 정도 얘기가 들릴 정도가 되어야 할 필요가 있습니다.

그 정도 규모의 회사라면 신입직원으로 들어와 사장까지 되어보겠다고 생각하면, 현장에서 작업복 입고 추운 겨울날에도 물속에 들어가 작업을 해야 할 것입니다. 그렇게 밑바닥부터 열심히 밟아나가야 사장이 되는 것입니다. 사장이 되는 과정에서 현장에 무엇이 떨어져 있는지, 또 무엇이 갖춰져 있는지, 무엇이 문제인지를 제대로 파악해야 합니다. 이러한 것들을 전부 알게 된 후에야 사장이 되는 것입니다.

현장에서 겪는 고생을 알지 못하는 당신이 사장의 자식이라는 이유로 대학을 나온 뒤 낙하산으로 사장이 되었다면, 사장이 된 이후라도 좋으니 현장 공부를 해야 하는 겁니다. 아직 왼쪽 오른쪽도 구분 못할 때부터 밑바닥 일을 하는 것보다 학교도 나오고 머리가 큰 뒤 밑바닥부터 시작하는 것이 훨씬 빨리 배울 것이고 착안점도 쉽게 얻을 것입니다.

제가 이런 기본적인 것을 말하는 이유는 지금 당신의 회사가 위기에 봉착해 있기 때문입니다. 이익을 내야 하는 상황일 때 그 해법은 직원들이 가지고 있지 않습니다. 해법을 줄 사람은 당신밖에 없습니다. 회의를 한다고 해답이 나올 리 없습니다. 경영자가 직접 공부해 스스로 구입하고, 어디의 무엇이 싸고, 어디가 좋은지를 알아내야 합니다. 그렇기 때문에 간부보다 몇 배를 일하고, 또 몇 배를 알지 않으면 안 됩니다. 경영자의 역할은 바로 그런 것입니다.

엄한 훈계로 경영이념이 생겨난다
—

경영자가 현장을 알고 이를 통해 엄하게 추궁을 시작하면 이번엔 직원들과 경영자 사이의 인간관계가 갈라지고 분위기도 험악해질 것입니다. "그렇게까지 얘기하지 않아도 되지 않나. 그래도 성실하게 열심히 일하고 있는데…" 하는 불만도 나올 수 있습니다. 하지만 그러한 것에 동정하는 것은 경영이 아닙니다. 현실적으로 이익이 떨어지고 있습니다. 그러니 마음을 독하게 먹고 꾸짖는 것입니다. 꾸짖게 되면 인심이 갈라지고 분위기도 나빠지게 됩니다. 어째서 그렇게까지 엄하게 해야 하는가 하면 거기서 이념이나 사풍이 필요하게 되기 때문입니다.

교세라의 경영이념은 '전 직원의 물심양면의 행복을 추구하는 동시에 인류, 사회의 진보 발전에 기여하는 것'입니다. 즉 회사가 직원을 중요하게 여깁니다. 직원의 행복을 추구합니다. 직원의 행복을 지키겠다는 마음으로 저는 대충대충 일하고 있는 직원을 엄하게 꾸짖을 수 있는 겁니다.

"이 회사는 나 혼자 돈을 벌기 위해 모두를 고용하고 있는 것이 아닙니다. 모두를 지키고자 생각하기 때문에 대충대충 일하는 척하는 것은 곤란합니다. 당신에게 좋은 대우를 하고 싶기 때문에 엄하게 혼내고 있는 겁니다."

직원의 행복을 지키겠다는 마음이 있었기에 저는 엄하게 꾸짖는 것이 가능했습니다. 경영자가 현장에 가서 엄하게 지적하는 것 없이 이념이나 사풍만을 선행시킨다면 아무런 의미가 없습니다. 경영자가 현장에서 솔선수범해 열심히 일해야 발전적인 사풍이 탄생하는 것입니다. 말이 좀 심하게 들릴 수도 있었겠지만, 동생처럼 생각하고 이야기한 것이니 부디 용서해주시길 바랍니다.

4

직원들의 마음을 하나로
모으려면?

저희 회사 업무는 건물 임대와 매매 및 중개, 위탁관리 및 리모델링입니다. 직원 26명, 파트타임 직원 13명이 일하고 있습니다. 매출액은 약 4억 엔, 경상이익률은 약 20퍼센트입니다.

21년 전 5평의 점포에서 창업했습니다. 자본금은 600만 엔, 직원 한 명, 파트타임 직원 한 명으로 시작했습니다. 회사 설립 시에는 '창업이념 14개 조항'을 만들었습니다. '돈을 벌려 하지 말고 결과로서 이익이 날 수 있게 하자', '매일 정진하자', '글로벌한 가치관으로 일을 진행하되 현실을 직시하고 착실하게 해나가자', '끊임없이 혁신해나가자' 등과 같은 저희만의 지침을 만들었습니다. '창업이념 14개 조항'은 이러한 회사를 만들고 싶다는 저의 생각을 담은 것이며 개인적인 다짐과 같은 말이기도 합니다.

그 후 경영이 어렵게 되고 급여를 줄 수 없게 되어 직원들과 파트타임 직원들에게 사죄해야 하는 시기도 있었습니다만, 가까스로 위기를 이겨냈고 창업 6년째에는 5평의 점포가 비좁게 되어 현재의 본사가 있는 토지를 은행으로부터 소개받아 매입할 수 있었습니다. 점포를 새로 크게 짓는 것뿐만 아니라 업무 내용도 확대되어 점원, 파트타임 직원도 늘렸습니다. 하지만 직원이 늘어나는 것은 결코 좋기만 한 일이 아니라 경영자로서의 책임이 무거워지는 일이라고 생각했습니다. 그 이후에도 실적이 순조롭게 늘어갔습니다만 무언가 커다란 벽에 막힌 듯한 기분이 들곤 했습니다.

특히 매년 경영 방침서를 성문화하는 시기가 문제입니다. 저희 회사는 5월 결산이라 매년 5월이 되면 직원들과 함께 숙박 연수를 합니다. 경영 방침서란 제가 만든 다음 분기의 기본 방침에 근거해 임대, 매매, 관리,

리모델링의 각 부문의 리더가 중심이 되어 구체적인 사업 계획을 수치화하는 작업입니다.

그런데 어째선지 이 시기가 되면 직원들의 퇴사가 이어집니다. 이 시기 "사장님, 상담하고 싶은 것이 있습니다" 하고 말을 걸어오면 '또 퇴직인가' 하고 우울한 생각이 들 정도였습니다. 좋은 회사를 만들고 싶고, 좋은 경영자가 되고 싶어 노력하고 있음에도 불구하고 이런 사태가 빚어져 방침서 만들기를 그만둘까도 생각했었습니다.

그러던 어느 날 어떤 컨설턴트와 만나 이것과 관련해 직원면담을 부탁했습니다. 일주일 후 작성된 보고서를 보고 저는 경악했습니다. 거기에는 '사장님은 사람을 보는 눈이 없다', '아침에 왼쪽을 향하게 하라고 지시했으나, 저녁때가 되면 오른쪽을 향하게 하라고 지시한다', '이 회사에는 꿈이 없다' 등 사장과 회사에 대한 불신이 가득한 온갖 불만이 적혀 있었던 것입니다. 저는 분해서 눈물을 흘리며 그것을 몇 번이고 반복해 읽었습니다. 그때 '창업이념 14개 조항'을 떠올림과 동시에 이것이 우리 회사의 현실임을 깨달았습니다.

보고서 내용이 전부 옳다고는 생각하지 않습니다만, 지적된 과제를 정면으로 받아들여 우선순위를 정해 하나하나 해결해나가는 것이 경영자의 일이라 생각했습니다. 그것과 동시에 직원들로부터 인기를 얻어 경영해가는 것이 아닌, 회사 방침과 맞지 않아 회사를 그만두는 직원이 있다면 어쩔 수 없다는 식으로 각오를 다졌습니다. '직원이 한 명 그만두면 두 명을 채용하자.' 새로운 만남이 기다린다고 긍정적으로 생각했습니다. 이나모리 회장님께서 언젠가 "사람의 마음만큼 변하기 쉬운 것은 없습니다. 하지만 한 번 강한 결속으로 맺어진다면 사람의 마음만큼 강한 것도 없습니다"라고 말씀하신 적이 있습니다. 저는 그 가르침을 가슴 깊이 새기고 있습니다.

사업을 시작한 이상 회사 존속을 위해 이익을 꾸준히 내는 것이 필요하다고 생각해왔습니다만, 마음속에서는 왠지 석연치 않은 것이 있었습니다. 하지만 이나모리 회장님의 강연 테이프나 서적을 반복해서 공부하던 중에 일본의 중세 철학자 이시다 바이간(石田梅岩)의

사례를 들어 이익의 정당성을 설명하신 부분을 접한 뒤엔 답답한 가슴이 뻥 하고 뚫리게 되었습니다.

올해는 창업한 지 21년째가 됩니다. 창업 당시의 괴로운 시기를 경험하고, '적자 결산은 경영자 실격'이라는 기분으로 지금까지 노력해왔습니다. 앞으로도 지역사회에 공헌할 수 있는 존재 의의가 있는 회사, 인간성 있는 사람을 키워내는 집단으로 만들고 싶다고 생각하고 있습니다. 인간으로서, 또 경영자로서 아직 미숙한 제가 사장으로서의 마음을 제대로 갖추려면 어떻게 해야 할지 조언을 듣고 싶습니다.

이나모리 가즈오의 조언

직원과 함께하겠다는 마음으로 경영 방침을 정하라

직원을 소중히 여기는 마음부터 갖춰라

당신이 만든 '창업이념 14개 조항'의 내용 전부를 들은

것은 아닙니다만 지금 들어본 몇 항목을 가지고 얘기
하겠습니다. 거기엔 당신의 야망과 야심은 적혀 있습니
다만 일하는 직원들을 어떻게 하겠다 하는 것은 하나도
적혀 있지 않다고 여겨집니다. 또 지역에서 부동산업을
하면서 '글로벌한 가치관'이라 언급한 점을 보더라도
그저 뜬 구름 잡는 이야기에 불과하다는 생각입니다.

실제로는 직원들이 눈앞에 있는 소소한 업무를 하는
것이기 때문에 본인과 고락을 함께하며 일해준다면 모
두가 행복하게 될 수 있도록 최선을 다할 것이라고 말
해줘야 합니다. 그렇지 않으면 머지않아 아무도 당신
을 따르지 않을 것이라 생각합니다. 당신의 회사는 대
기업도 아닐 뿐더러 특별한 매력을 가지고 있어 꼭 입
사해 일하고 싶다는 동경심이 일 정도의 회사가 아닙니
다. 직원 입장에서 보면 조금만 일이 험하다고 느껴지
면 '이 정도의 급여라면, 그만두고 다른 데 가는 게 낫
지' 하고 생각할 수 있습니다.

당신의 입장에서 보면 회사를 훌륭하게 키워내고 싶
다고 생각으로 직원들에게 힘내라고 말할지 모르겠습

니다만, 그것이 당신의 매력이 되지는 않는다고 생각합니다. 하지만 여러 가지 고생을 하며 21년간 힘내서 이끌어온 당신의 회사의 경영 내용은 훌륭하다고 생각합니다. 매출액이 4억 엔에, 20퍼센트 정도의 경상이익률을 올리고 있다 했습니다. 경영이라는 것은 이익을 꼭 내야 하는 것이라 정말로 진지하게 느끼고 노력을 하고 있기 때문에 이러한 결과가 나올 수 있었다고 생각합니다.

저는 당신의 성격을 잘 알지 못하지만 상당히 경쟁적이며 노력가라고 생각합니다. 그것이 회사 경영에는 굉장한 플러스가 되겠지요. 하지만 중소기업의 경영을 하고 있는 경우 열쇠가 되는 것은 무엇보다도 직원입니다.

중소기업에는 아주 훌륭한 직원이 올 리가 없습니다. 교세라도 영세 기업에서 시작했습니다만, 당시 어디에나 있을 법한 인재밖에 들어오지 않았습니다. 하지만 그러한 사람들을 우선 중요하게 여기는 것부터 시작해야 합니다. 당신에게는 그러한 점이 조금 부족한 게 아닌가 하는 생각이 듭니다. 중소기업은 자금도 얼마 없고 기술도 없이 맨손으로 창업한 케이스가 많다고 생각합니다. 그렇다면 거기에는 직원을 포함한 인간의 마음 말고는 아무것도 없습니다. 제 속엔 그런 인간의 마음을 중요하게 여겨야 사람을 모으는 것이 가능하다는 사상이 뿌리 내리고 있습니다.

먼저 직원들을 홀려라

그러기 위해 우선 자신보다 먼저 직원들을 잘되게 하겠다는 마음을 갖는 것이 중요합니다. 그렇게 직원의 마음을 소중히 여긴다면, 그런 훌륭한 사장의 마음에 직원들이 감동하고 절로 "나는 당신을 따르겠습니다" 하고 말하게 됩니다. 하지만 그렇다 하더라도, 가령 다른 회사의 급여가 더 높다면 금방 그만두고 그쪽으로 갈 것입니다. 그것을 저는 '변하기 쉬운 사람의 마음'이라고 말하지요. 어느 날 결의에 차서 "사장님, 저는 이 회사가 좋습니다. 열심히 일하겠습니다" 하고 말하다가도, 그 말을 한 혀가 채 마르기도 전에 돌연 획 하고 그만두기도 합니다. 그러면 사장 입장에선 '사람의 마음은 참 변하기 쉽구나' 하고 탄식하게 되는 것이지요.

그러한 변하기 쉬운 마음 따윈 신용할 수 없다고 생각할 수 있습니다. 그래도 그것을 믿어야 합니다. '믿고 있다면 다음엔 강한 마음을 가진 사람도 나타날 거다. 속고 또 속아도 그것을 믿고 가자' 하는 마음으로 직원을 신뢰해야 합니다. 저는 "사람의 마음은 변하기 쉬운 것이지만, 한 번 강한 결속으로 맺어진다면 사람의 마음만큼 강한 것은 없다"라고 말하곤 하지요.

중소기업은 돈이 없을뿐더러 기술도 없어 의지할 수 있는 것은 거기에 모여든 직원들밖에 없습니다. 그러니 그 사람들의 마음을 사장을 중심으로 결속시켜야 하는 것입니다. 그런 직원들이 "우리 사장은 참 훌륭해"라고 말할 수 있도록 그들의 마음을 사로잡아야 합니다. 직원을 홀리는 것이 불가능하다면 중소기업은 성공할 수 없다고 저는 생각합니다.

직원들을 홀리려면 우선 직원을 소중하게 여길 줄 알아야 합니다. 물론 가능한 범위 내에서 말이지요. 회사도 아직 제대로 운영되지 않고 있는데 터무니없이 높은 급여를 지불할 수는 없을 겁니다. 실제로는 세간의 평균 급여보다 적은 급여밖에 주지 못합니다. 이런 커다란 모순을 안고 있는데다가 노동 시간도 타사보다 길 경우, 사장이 직원에게 엄청난 애정을 갖지 않는 한 물질적인 것만으로 직원들이 따를 리 없습니다. 그렇기에 다른 그 어떤 회사보다 더 많이 힘내라고 격려해야 합니다. 직원들로 하여금 '사장을 따라 힘내보자'라고 생각하게 만들려면 그 사장이 직원들에게 애정을 기울이는 수밖에 없습니다.

경영 방침은 함께 만들어라

저의 철학 중에는 '배려의 마음'이 있습니다만, 물론 이런 상냥한 배려의 마음만으로 경영하는 것은 불가능합니다. '배려의 마음'은 그저 단순히 직원들을 긍정적으로만 보면서 어르고 달래주라는 것이 아닙니다. 당신도 '직원들의 인기로 경영하는 것은 아니다'라고 말했듯이 그저 어르고 달래주는 것은 '소선(小善)'이라고 생각합니다. '소선은 대악(大惡)과 비슷하다'라고 말합니다. 그저 좋게 좋게 어리광을 받아주며 달래주는 것으로는 별볼 일 없는 직원으로 키울 뿐입니다. 그것은 어린아이를 키우는 것과 같지요.

훌륭한 직원을 키우고자 생각한다면 엄격하게 가르쳐야 합니다. 이것이 '대선(大善)'입니다. 막상 그 대선을 이루고자 하면 직원들은 '인정사정없는 엄한 사장이구나' 하고 비난할지 모릅니다. '귀여운 아이에게는 여행을 시켜라'라는 이야기를 종종 들어왔을 겁니다. 세간의 사람들은 '나이도 차지 않은 어린아이를 세상의 근심 걱정에 빠뜨리는 것은 귀신이나 다름없는 부모가 아닌가' 하고 말할지 모릅니다. 하지만 그 아이가 성장해서 훌륭한 어른이 되기 위해선 그런 엄함이 필요합니다. 이는 절대로 아이에 대한 애정이 없는 것이 아닙니다.

당신은 이익 추구에 허덕이다가 이시다 바이간 얘기를 듣고 구원받았다고 했지요. 이시다 바이간은 상인이 이익을 얻는 것은 무사가 영주로부터 녹봉을 받는 것과 같은 것이므로, 절대로 비천한 것이 아니라며 상인이 이익을 추구하는 것을 정당화했습니다. 거기까지의 이해는 좋습니다. 하지만 저의 경영사상을 관통하는 '직원을 소중히 하라'에는 그다지 접근하지 못한 것으로 보입니다. 당신의 경우 자신의 이익 추구의 정당성을 얻어 구원받았을 뿐, '직원을 위해서'라는 마음이 경영 방침에 제대로 들어 있진 않았던 것 같습니다. 그래서 직원들이 자꾸만 그만두게 되는 것입니다.

10명이나 20명의 사업 규모일 때는 '올해 경영 방침은 이렇고, 구체적인 것은 이렇게 갑니다' 식의 톱다운으로 진행해야 합니다. 능력이 출중한 직원들이 아닌데 그들에게 책임을 지우며 '목표를 달성하기 위해 모두 구체적인 수치를 반영하라'는 식으로 억누른다면, 그것을 만들어야 하는 직원 입장에선 책임만 무거워지고 그대로 억눌려 무너질 것입니다.

그러므로 그들과 함께 경영 방침을 만들어야 합니다. "자, 모두 같이 해봅시다. 저도 도울 테니 당신은 이 부문의 장으로서 힘내주십시오. 곤란한 점이 있으면 말해주시고요" 하는 식으로 사장도 함께 가마를 메는 겁니다. 누군가에게 사업을 맡겨 책임을 지게 하면 경영자로선 매우 편하겠지만 그보다는 회사 규모도 작은 만큼 경영자 자신이 말단까지 두루두루 살피는 것이 좋습니다.

당신이 현장에서 일하는 직원에게 진정한 애정을 품고 접근한다면 모두가 당신을 따를 것입니다. '직원을 소중히 여기자'라는 저의 철학을 확실히 이해한다면 회사는 좀 더 발전할 것이라고 믿습니다.

활력이 넘치는 조직이 되려면
경영자의 마음가짐이나 철학이 중요합니다
다른 기업이 관심을 갖지 않는
눈에 보이지 않는 부분까지
훌륭하게 만들어야 경쟁력이 생겨납니다

問

2장

어떻게
직원들의 의욕을
끌어낼 것인가

꿈을 정하고
마음에 불을 지펴라

꿈과 목표는 성장의 추진력
—

인생도 그렇고, 회사 경영도 그렇고 장래에 대한 '커다란 꿈'을 가지고 있느냐에 따라 그 미래가 변하게 됩니다. 꿈은 사람에게 희망을 주고 내일을 향한 활력을 불어넣어줍니다. 저는 창업을 하던 당시부터 커다란 꿈을 꾸었습니다.

'이 회사를 하라마치 서쪽 지역의 최고 회사로 만들겠다. 하라마치 전 지역에서 최고 회사가 되면 나카교구의 최고, 나카교구의 최고가 되면 교토 최고, 교토 최고가 되면 일본 최고가 되겠다. 최종 목표는 세계 최고다!'

실제로 교세라는 목조 창고를 빌려 근근이 운영된 회사로 하라마치에는 당시의 교세라가 도저히 따라잡을 수 없을 만큼 커다란 회사가 있었습니다. '하라마치에서 최고가 되는 것도 어려운 일인데, 정말로 세계 제일의 회사를 목표로 하는 건가?' 하고 직원들은 반신반의했습니다.

다른 사람이 볼 때 제 꿈은 불가능해 보였겠지만 그럼에도 제가 이런저런 기회를 붙잡으려고 노력하는 모습을 보이자 어느새 직원들도 제가 품은 꿈을 공유해주기 시작했습니다. 그러다가 그 꿈의 실현을 위한, 어떤 장애를 만나도 뛰어넘을 만한 강한 의지가 집단에 생겨났습니다.

일의 의의를 설명하라

꿈의 실현이나 높은 목표 달성을 위해선 경우에 따라 현재 능력 이상의 것에 도전해야 합니다. 영세기업이었던 창업 당시의 교세라가 수주할 수 있던 것은 다른 회사가 마다하는 기술적으로 어려운 주문뿐이었습니다. 그래도 저는 그 주문을 할 수 있다는 정신으로 수주해 왔습니다.

거래처에서 돌아오면 저는 바로 간부들을 모아 놓고 '이 제품의 용도는 이러하니, 개발에 성공하면 이렇게 전개될 거라고 생각된다. 이후의 전자공업업계의 발전에도 크게 공헌할 제품이다'라는 식으로 이야기하곤 했습니다. 물론 당시의 교세라에 그런 기술이나 제조 설비는 없었습니다. 그런 상황에서 저는 그 제품을 개발하는 의의와 그 제품에 건 꿈을 필사적으로 설명한 것입니다.

직원들 표정에선 '기술도 설비도 없는데, 어떻게 만들겠다는 겁니까?' 하는 의구심을 읽을 수 있었습니다. 그들의 얼굴이 '좋아, 한번 해보자' 하는 얼굴이 될 때까지 저는 철저히 설명했습니다. 직원들의 마음가짐을 '어떻게 해서든지 완성해보자' 하는 정도까지 만들지 않으면 성공할 수 없다는 생각에서였습니다. '어떻게 해서든 성공시키자'라는 강한 의지를 가지고 노력을 계속해간다면 반드시 길은 열리는 법입니다. 직원들이 그러한 생각을 가지고 일할 수 있도록 일의 의의에 대해 제 에너지를 다 쏟아부을 정도의 열의로 설명해나갔습니다. 의의나 목적에 납득할 수 있다면 직원들은 스스로 불타올라 그 높은 목표에 도전할 것입니다.

착실하게 노력을 쌓아올려라

커다란 꿈이나 높은 목표를 품는 것은 중요합니다. 하지만 지루하고 단순한 것이라고 생각되는 것에도 매일 몰두하지 않으면 안 됩니다. 이런 것으로 정말 꿈을 실현할 수 있는 걸까, 하고 꿈과 현실 사이에서 커다란 괴리감을 느끼고 초조함을 느끼게 될지 모르겠습니다. 사실 창업 당시의 교세라에서는 매일매일 먼지투성이가 되어 세라믹 원료를 조합하고, 땀을 흘려가며 핸드프레스로 성형하고 고온의 가마에서 소성하는 작업을 반복했지요.

하지만 그 어떤 위대한 것도 지루한 노력을 쌓아올

리는 것 이외의 방법으로는 달성되지 않습니다. 세계 최고봉인 에베레스트에 등정하는 것조차 사람의 다리로 한 걸음 한 걸음 걸어 올라가지 않으면 안 되는 것입니다. 매우 작은, 그 한 걸음 한 걸음이 에베레스트를 정복하게 하듯 전 직원들이 같은 목표를 가지고 필사적으로 일에 몰두하고 지루한 노력을 연속적으로 이어간다면, 곤란하다고 생각했던 기술 개발이 가능해질 것입니다. 이렇게 지루한 노력의 축적이 교세라의 기술 기반을 다지고 지금의 발전을 가져와준 비결이기도 합니다.

보수만으로는 움직이지 않는다
—

직원들의 의욕을 이끌어내려면 급여나 보너스를 올려주겠다고 말하는 방법도 있습니다. 간단한 방법입니다만 사업은 언제나 성공한다고 보장할 수 없습니다. 불황이 되어 사업이 잘 풀리지 않게 되었을 때 급여나 보너스를 줄이게 되면 직원의 사기는 바로 떨어지고 맙니다. 돈으로 사람을 유혹하는 것이 아닌, 마음속에서부터 끓어오르는 동기를 만들어주는 것이 더 중요합니다.

사람은 높은 목표를 품고 이런저런 역경을 뛰어넘는 것으로 행복이나 보람을 느끼는 것이 가능합니다. 장래를 위해 커다란 꿈을 품고 일의 의의를 명확하게 해 직원의 마음에 불을 지피십시오. 그것이야말로 경영자에게 주어진 커다란 역할입니다.

5

3D업종의 직원들이
꿈과 긍지를 가지게 하려면?

저희 회사는 대기업 철강 조선 회사의 하청인 철제품 가공을 하는 회사입니다. 지난 수십 년간 오일쇼크, 조선 불황, 엔고 불황과 같은 여러 불황을 경험했습니다. 그런 와중에 인원 감축이나 자산 매각 등을 실시해 간신히 2~3년 전부터 다른 산업과 비슷하게 한 숨 내쉴 수 있는 상태가 되었습니다.

하지만 그 과정에서 끊임없이 고민하고 있는 것이 있습니다. 저희 회사는 하청 임가공 업종으로 힘들고, 더럽고, 위험한 일을 하는 이른바 '3D업종'입니다. 그렇기 때문에 어지간해선 사람들이 오지 않습니다. 또 직원이 들어왔다 해도 오래도록 남아 있지 않습니다.

설계도를 이해하고 기계를 사용할 수 있도록 교육하는 데 5~7년 정도 걸리는 일이기에 오래도록 일하면서 기술을 몸에 익히게 하고 싶습니다만, 그것이 쉽지 않습니다.

직원들이 오래도록 남아 일할 수 있도록 하기 위해서라도 그들에게 꿈을 심어주고 싶은데, 이러한 3D기업 환경에서 어떻게 하면 꿈을 가지게 할 수 있을까요? 또 어떻게 일의 보람을 느끼게 할 수 있을까요? 어떤 생각을 가지고 사람을 키워야 좋을까요? 가르침을 받고자 합니다.

이나모리 가즈오의 조언

일의 존재 이유를 명확하게 밝히고 동기를 높여라

3D업종이라도 문제없다

이것은 매우 중요한 질문입니다. 3D업종이라 드리는

말씀이 아니라 직원의 동기부여는 모든 경영자에게 공통적으로 중요한 문제입니다. 예를 들어 영업 담당자에게 일에 대한 꿈과 긍지감이 얼마나 있겠습니까? 또 경리 담당자에게 경리로서의 동기부여가 얼마나 되어 있겠습니까? 대부분 타성에 젖어 일을 하는 경우가 많을 것이고 직원들의 동기부여가 부족한 경우가 적지 않을 것이라고 생각합니다.

저는 3D업종이기 때문에 직원들이 꿈과 희망과 긍지를 갖지 못한다고는 생각지 않습니다. 그것이 문제가 아니라 '직원들로 하여금 높은 동기를 갖게 하는 것이 무엇보다 중요하지 않겠는가?'를 경영자가 진지하게 생각하고 있지 않기 때문이라 생각합니다. 좋은 경영자는 어떤 일이라 해도 "우리들의 일은 사회적으로도 인간적으로도 커다란 의의가 있습니다. 매우 훌륭한 일입니다"라고 자신에게도, 또 직원들에게도 이야기할 수 있어야 합니다. 우선 직원들에게 회사의 존재 이유와 자신들의 일이 사회적으로 필요한 이유를 명확히 설명하는 것이 필요합니다.

프랑스어로 '레종 데트르(Raison d'être)'라고 합니다
만, '존재 이유'를 가지고 있지 않은 기업은 사회로부터
사라질 것입니다. 우선 자신의 기업이 어째서 사회 속에
존재해야만 하는지를 명확하게 하는 것이 필요합니다.
또 직원 한 명 한 명에게 당신의 일이 어째서 중요하고
필요한 것인지, 당신의 일이 사회적으로 어떤 의미를 가
지고 있는지, 당신의 일이 어째서 인간적으로 훌륭한 것
인지에 대해 알 수 있도록 설명해줘야 합니다.

그것은 인재가 모이기 어려운 3D업종이기 때문이
아닙니다. 어떤 기업에나, 어떤 부서에서 일하는 사람
에게나 필요한 것이지요. "당신의 일은 사회에서 필요
로 하는 일입니다. 그러니 당신이 최선을 다해줘야 합
니다"라고 의의를 부여해주는 것이 바로 경영자의 역
할인 것입니다.

마이너스였던 동기부여
—

이렇게 말할 수 있는 것은 저 역시 '3D'와 같은 일을 했

기 때문입니다. 저는 1955년에 대학을 졸업하고 도자기 회사에 들어갔습니다. 거기서 지금 말하는 '파인 세라믹'이라는 신 연구 분야를 찾아 연구를 시작한 것입니다. 새로운 연구 분야라고는 했지만 도자기라는 것은 점토를 반죽해 물건을 만드는 것이기에 3D업종에 속합니다. 지금은 도예라고 하면 예술로서 가정 주부들에게 취미로 하는 일들이 되었지만 당시 도자기업 관련 직장은 그야말로 3D의 최고였습니다.

그리고 점토나 장석이라는 불순물이 섞인 천연 재료를 사용하기 때문에 학문적으로도 절대로 발전된 일이라고 할 수 없었습니다. 그렇기에 저와 같이 유기화학을 전공한 사람에게는 도자기라는 무기화학의 세계는 그리 즐겁지 않은 것이었습니다. 도자기 회사 말곤 취직할 곳이 없었기에 간 것이지, 저로서도 도자기 세계에서 연구 같은 것을 할 마음은 없었습니다. 꽤나 불경기였기 때문에 그곳 외에 갈 곳을 찾지 못했을 뿐입니다.

저의 연구란 아까 말했듯이 천연 원료가 아닌 화학적으로 합성한 원료를 만들어 그 분말을 금형에 넣어 프레스해 일정한 크기로 만들고, 그것이 소성했을 경우 어떤 반응이 나타나는가를 보는 것이었습니다. '라쿠간(落雁)'이라는 다과가 있습니다만, 같은 모양으로 세라믹 가루를 프레스에 넣어 굳히는 것입니다. 그것을 매일 해야 했습니다. 그런 뒤 굳은 분말을 가마에 넣어 온도를 설정해가며 소성하는 중에 어떻게 수축하고 형태가 변하는지 등을 연구했습니다. 하루 종일 열심히 연구를 하고 있으면 작업복과 온몸이 분말로 엉망진창이 되곤 했지요.

세라믹 분말은 막대 사발로 갈거나 '볼 분쇄기(ball mill)'로 갈아 만드는 것인데, 그 도구들을 세척하는 것이 또 어려움이었습니다. 다음의 원료를 만들 때 전에 사용한 원료가 조금이라도 남아 있으면 정확한 실험데이터를 얻을 수 없기 때문에 깨끗하게 세척해야 했지만 분말은 어지간해선 씻겨지지 않았습니다. 온몸이 땀범벅이 되고 머리부터 발끝까지 분말로 새하얗게 되었지요. 그러한 지독한 3D업종 일을 젊은 시절에 했던 것입니다.

저는 연구조수를 해주는 사람에게 아침부터 저녁까지 프레스를 누르고 있으라거나 가마를 계속 보고 있으라고 지시했었습니다만, 시키고 있는 제 자신조차도 연구를 그다지 즐겁게 여기지 않았지요. '나는 유기화학 쪽으로 가고 싶었는데…' 하는 생각 때문이었습니다. 즉 일에 대한 동기부여라는 점에서 제로는커녕 마이너스였던 것입니다. 이래서는 연구가 제대로 될 리가 없지요.

교세라 대성공의 기반이 된 것
─

어느 날 이래서는 잘 될 리가 없다고 깨달은 저는 지금까지의 기분을 떨쳐내고자 마음을 다잡았습니다. 그러고는 조수들을 불러 제가 선생이 되어 세라믹 강의를 시작했습니다. 그것은 실제로 직원들의 동기부여가 되었지요.

그 강의 중 하나는 조수가 매일 누르고 있던 프레스에 관계된 것이었습니다. 분말에는 공기가 많이 들어가 있기 때문에 누르고 있을 때 프레스의 양각 틀과 음각 틀 사이로 공기가 빠져나옵니다. 공기가 빠져나와 점점 줄어드는 것으로 인해 분말이 단단해지는 것입니다만, 그때 그 분말은 공기가 흐르는 층류(유체의 규칙적인 흐름으로, 흐트러지지 않고 일정하게 흐르는 것)를 이루게 됩니다. 하지만 새하얀 분말인 채로는 분말이 어떤 움직임을 보이는지를 알 수 없습니다. 그래서 저는 분말에 색을 칠해봤습니다. 색이 입혀진 분말을 번갈아가며 층층이 쌓아 그것을 프레스로 눌렀습니다.

이것은 비행기 연구를 할 때의 풍동 실험과 같습니다. 바람을 쏘아보내며 날개를 스쳐가는 바람이 어떤 흐름을 보이는지 연기를 이용해 측정하는 방법이 있는데, 그것과 동일하게 해봤습니다. 그랬더니 프레스 한 분말이 동일한 자리에서 굳는 것이 아니라 여기저기 움직이고 있다는 것을 확인할 수 있었습니다. 거기서 저는 조수들에게 이렇게 설명했습니다.

"매일매일 별로 특별할 것도 없는 분말을 프레스해 달라 지시했지요. 여러분은 어째서 이런 힘들기만 한 바보 같은 일을 시키는가 하고 생각했을지 모르지만, 사실은 분말의 움직임이나 흐름을 조사하기 위함이었습니다."

당시는 유압 기계가 없어 바이스와 같은 기계로 프레스했기 때문에, 조수 한 명은 보디빌더처럼 몸이 발달했을 정도입니다. 그런 그들 앞에서 저는 대학 교수가 되었다는 마음으로 강의를 하곤 했습니다.

'존재 이유'가 힘이다

당시는 3D라는 말이 없었습니다만 저는 "이런 더러운 일을 하고 있지만, 사실 이건 매우 훌륭하고 학문적인 일입니다"라고 설명했습니다.

"이 실험은 매우 지루하기에 학자들도 싫어하지요. 일본의 양대 명문 도쿄대학과 교토대학에서도 이런 실험을 하지 않습니다. 하지만 이 분말의 움직임을 모르고는 세라믹을 만들 수 없습니다. 그런데도 머리 좋은 학자들은 이런 지저분한 일, 더러운 실험은 자신들이 할 일이 아니라고 생각해 이것들을 전부 내팽개치고 있는 겁니다. 세라믹에 관한 책을 읽으면, '이 분말과 저 분말을 섞어 프레스하면 이런 것이 만들어진다'는 식으로 명확하지 않게 쓰여 있습니다. 하지만 그 분말을 섞은 것이 어떤 움직임을 갖는지 알지 못한다면 물건이 제대로 만들어질 리 없습니다. 기체라면 섞었다 할지라도 간단하게, 균일하게 섞입니다. 액체도 섞고자 한다면 균일하게 섞입니다. 하지만 분말은 균일하게는 섞지 못합니다. 불균일하게밖에 섞지 못합니다. 그것을 얼마나 균일하게 섞느냐가 분체공학의 최초 관문인 것입니다. 이런 연구를 그 누구도 하지 않고 있기 때문에 우리들이 하는 일은 매우 훌륭한 학문인 것입니다. 혹시 이것을 논문으로 정리하는 것이 가능하다면 세계적인 논문이 되는 겁니다."

당시 조수들은 고향에 돌아가고 싶다는 등 불만이 있었지만, 그런 사람들을 붙잡기 위해 저는 '이건 세계적인 연구다'라며 설득해나갔습니다. 즉 이 일, 이 연구의 '존재 이유'를 밝힌 것입니다. 이렇게 '존재 이유'를 인식시키면 직원들도 그것의 중요한 의의를 깨닫고 열심히 힘을 내게 됩니다.

영업직원들에게 '이걸 팔고 와라. 저걸 하고 와라' 하는 식으로 명령하는 것만으로는 동기부여가 되지 않습니다. 그것을 파는 것이 어떤 사회적 의의가 있는지, 또 우리 회사에는 어떤 의미가 있으며 당신의 인생에 어떤 의미가 있는지를 전달해야 합니다.

당신의 회사 일을 '3D업종 중에서도 최고'라고 말할 수 없습니다만, 당신 자신이 부디 지금 하시는 일의 존재 이유를 구축해 대의명분을 만들고 그것을 직원들에게 설명해주십시오. 그것이 가능하다면 사장은 제 역할을 다했다고 할 수 있을 것입니다.

6

불만을 표하는 직원들을
어떻게 해야 하는가?

저희 회사는 프레스 금형 부품을 판매하는 상사입니다. 자동차나 가전 제품, 휴대전화 등을 만들 때는 반드시 금형이 필요하게 됩니다. 그 금형을 만들기 위한 구성 부품을 자동차 회사나 가전 회사 또는 그 하청 공장에 납품하고 있습니다. 연매출액은 18억 엔, 직원은 37명입니다. 1965년에 제 아버지께서 창업하셨고, 그 후 고도 경제 성장기를 맞아 순조롭게 매출이 올랐습니다. 제가 35살이던 때 아버지께서 돌아가시고 제가 경영을 이어받게 되었는데, 그 이후에도 업계는 활황이어서 매출은 순조롭게 올랐습니다. 전국으로 사업을 확장하는 것을 목표로 시즈오카와 하마마쓰에 영업소를 신설했고, 제 나름대로 '일을 할 줄 아는 인간'이라 생각하며 우쭐해 있었습니다.

그런데 자동차업계가 설비 투자액을 감소시키고 부품의 공통화를 본격적으로 실행하게 되면서, 금형 발주 수량이 극단적으로 줄기 시작했습니다. 금형업계가 그때까지 경험해보지 못한 불황을 겪게 된 것입니다. 신설한 시즈오카, 하마마쓰의 두 영업소는 매출도 오르지 못한 채 비용만 들기 시작한 적자 영업소가 되어버렸습니다. 또 기존에 있던 히로시마 영업소조차도 일을 맡겨두었던 소장이 거의 영업을 돌지 않았기 때문에, 경기가 나빠진 것에 더해 저희 영업소의 매출까지 떨어지게 되었습니다.

매출 감소의 타개책도 없이 2년 전의 최종 손익은 3,700만 엔의 적자, 작년에도 6,300만 엔의 적자가 났습니다. 창업 이래 처음 겪은 2년 연속 적자였습니다. 저는 그때 처음으로, 몇 년간 직원들이 열심히 힘내서 일을 해줬음에도 스스로 JC(청년회의소) 등의 활동에 빠져 회사에 아무런 공헌도 하지 않았다는 것을 깨달았습니다. 시즈오카와 하마마쓰의 두 영업소에는 거의 얼굴도 내비치지 않았고, 소장에게 구체적인 지시도 하지 않았습니다. 히로시마 영업소의 문제도 알아채지 못하고 그냥 맡겨버린 채 놓아버린 겁니다. 그야말로 경영자로서는 실격이었지요.

뒤늦게야 간신히 이런 것들을 깨달은 저는 회사 재건을 계획하기 위해 회사에 적극적으로 관여하고, 직원들을 지도하며, 동시에 직원들과의 교류도 늘렸습니다. 영업소의 통폐합, 인사 제도 개선, 물류 개혁, 인재 배치 전환 등을 시행했습니다. 하면 할수록 제 자신이 얼마나 오래 손을 떼고 있었는지를, 또 불만도 말하지 않고 직원들이 얼마나 묵묵히 힘내줬는지를 잘 알 수 있었습니다. 저는 직원들에게 지금까지의 일을 사죄하고 제로에서부터 출발하고 싶다는 포부를 강조했습니다.

2년 연속 적자로 인해 자금 조달이 잘되지 않게 되고 힘든 상황이었지만, 제 스스로 뿌린 씨앗이라 생각하고 반성하면서 직원들의 급여, 보너스 등에는 일절 손대지 않았습니다. 직원들은 회사의 위기감을 느끼기 시작한 동시에 제가 진정으로 반성하고 있다는 것을 인식하고 매일 밤늦게까지 힘내줬습니다.

그 결과 그 불황 속에서 분기 매출이 15퍼센트 올랐습니다. 또 영업소의 통폐합 등에 따른 경비 절감으로 2,000만 엔 정도의 영업이익을 올렸습니다. 1퍼센트의 영업이익이기에 안정된 경영 상태라고는 말할 수 없지만, 그래도 단기간에 그 정도 회복시킨 것도 대단하다는 생각에 직원들에게 마음 깊이 감사하고 있습니다.

하지만 기업 경영은 정말로 어려운 것입니다. 흑자 회사가 된다는 목표를 달성했다는 안도감 때문인지 직원들의 인식에 다소 변화가 생긴 듯했습니다. 사내 여기저기서 불만이 나왔지요. 영업소 통폐합으로 인해 영업 부문으로부터는 '일인당 담당 건수가 늘어 너무 바쁘다', 영업을 지원하는 부문의 직원들로부터는 '사무 처리에 쫓겨 귀가 시간이 늦어지고 자유 시간을 뺏기고 있다'라는 등의 목소리가 나오고 있습니다. 새로운 인사 제도 도입으로 진급이 누락되어 의욕을 잃은 간부도 있습니다. 이러한 문제로 직원들이 조금씩 불만을 갖다 보니 직원들 간 인간관계도 비뚤어지고 있습니다.

이런 상태를 어떻게 해결해보고 싶은데, 요즘에야 간신히 이익이 나기 시작한 시점입니다. 안이하게 사람을 늘리거나 일인당 부담을 가볍게 하는 것은 어렵습니다. 그렇다고 해서 현 상태의 인원으로 가면 직원들의 부담이 너무 무거워지겠지요. 또 열심히 일해주고 있다고 해서 급여를 지금 이상으로 줄 수도 없는 노릇입니다. 직원들도 어느 정도는 이해하고 있지만, 어떤 형태로든 지금의 문제를 해결하지 못한다면 직원들의 높은 의식을 유지하는 것은 불가능하다고 생각합니다.

지금 제가 하고 있는 것은 직원 한 명 한 명과 이야기하며 현 상태의 불만이나 문제점을 듣고, 그것을 조금이라도 해결해주는 것 정도입니다. 직원들에게 여러 가지 커다란 목표를 보이기 전에 우선 발밑을 단단히 다져 회사가 이익이 나는 체질이 되도록 개선하는 것이 중요하다고 생각합니다. 이러한 상황 속에서 직원들이 계속해서 높은 의식을 가지고 일에 임하도록 하기 위해선 어떻게 해야 하는지 잘 모르겠습니다. 이 부분에 대해 부디 가르침을 부탁드리겠습니다.

이나모리 가즈오의 조언

꿈을 말하고, 좀 더 큰 목표로
솔선수범하라

흑자 전환은 출발 지점에 돌아온 것

—

아버님께서 만드신 회사에 들어가 아버님께서 만든 흐름 속에서 일을 해왔고 실적도 순조롭게 늘었군요. 일본의 고도성장 파도에 올라 일본 산업계의 발전과 발맞춰 수요를 늘려왔기 때문에 회사도 성장할 수 있었던 것입니다. 당신은 처음엔 그것이 당신의 힘으로 이뤄진 것이라 착각했습니다만, 이후 경영 환경이 변하고 실적이 악화됨으로써 뒤늦게 자신의 힘이 아니라는 것을 깨닫고 반성했습니다. 솔직하게 반성했기에 직원들도 협력했고 힘내줬겠지요. 또 직접 현장에 들어가 여러 가지 개혁에 손을 대어 드디어 1퍼센트의 이익이 났다고 했습니다.

경영자로서 실격이었다는 것을 깨닫고 직원들에게 사과 후 앞으로 열심히 임하겠다고 단언한 뒤 여러 개혁에 손을 대고 회복해 제로 지점에 돌아왔다고 했습니다. 하지만 이는 스타트 지점에 선 것뿐입니다. 경영자로서 마이너스였던 당신이 제로가 된 것일 뿐, 플러스가 된 것이 아닙니다. 그럼 스타트 지점에 서서 무엇을 하면 될까요?

반성은 했다지만 당신은 지금까지 회사를 어떻게 하겠다는 확실한 꿈과 목표를 아직 직원들에게 이야기한 적이 없습니다. 지금까지는 적자였기에 '큰일났군. 회사가 무너지겠어. 어떻게든 흑자로 만들지 않으면 안돼'라는 식으로 말했을 뿐입니다. 그렇기에 막상 흑자가 되니 모두가 만족하고 열정이 식는 것은 당연한 것입니다. 적자이기에 힘내서 흑자로 만들고자 하는 것은 기본에 지나지 않고 그것이 경영의 목적은 아닙니다.

지금까지는 아버님께서 만든 회사 노선에 올라탔을

뿐, 목표를 새롭게 품지 않아도 매출액이 18억 엔까지 되나 잘되어가는 것처럼 보였겠지요. 하지만 좀 더 빠르게 회사가 어떤 의의와 목적을 가지고 있는지를 당신 스스로 공부하고 명확하게 해야 했습니다. 금형은 무언가를 가공하는 것에 필요한 제조업의 열쇠와도 같은 것입니다. 따라서 그 금형을 공급하는 일은 중요한 사회적 책임도 따릅니다.

'금형 부품을 공급하는 판매 회사로서 우리 회사를 이런 회사로 만들겠다. 고객님께 이러한 것을 공급하고, 이러한 서비스를 제공하고 싶다. 그것과 동시에 1조 엔이 넘는 시장 규모인 일본의 금형업계에서 우리는 최소한 몇 퍼센트의 시장 장악력을 얻도록 하자. 우리 회사는 매출액 100억 엔 정도까지 달성할 수 있을 것이다'라는 식으로 직원들에게 단언하는 것이 필요합니다.

회사는 직원 행복의 기반이어야 한다
—

어째서 이런 것을 해야 하는 걸까요? 전에도 이야기한

적이 있습니다만, 스물일곱 살에 제가 처음 회사를 만들었을 때는 '이나모리 가즈오의 기술을 세계에 펼쳐 보이자'가 그 목적이었습니다. 그러나 새로운 직원들이 들어왔고 그 직원들이 "저희의 장래 생활은 어떻게 되는 것입니까?" 하고 제게 물어왔습니다.

'이 회사는 내 기술을 세계에 선보이기 위한 회사라고 생각했는데, 나도 모르는 사이 직원들을 고용하고 그들의 생활을 지켜줘야 하는 상황이 되었구나. 이런 바보 같은… 이런 것인 줄 알았다면 애초 사업을 시작하지 않았을 것이다.'

저는 이렇게 생각했습니다. 하지만 이미 시작해버렸기 때문에 어쩔 수 없었습니다. 저는 그때부터 이 교세라라는 회사를 직원의 물심양면의 행복을 실현하기 위해 존재하는 곳이라고 이해하고 그것을 지금까지 변함없이 지켜왔습니다.

"교세라는 이 안에 살고 있는 저를 포함한 전 직원의 물심양면의 행복을 추구하기 위해 존재합니다. 그러니 고수익을 올려서 어떤 불황이 오더라도 꿈쩍도 하지 않는 회사로 만들어야 합니다. 그렇지 않으면 직원의 물심양면의 행복을 지키는 것은 불가능할 것입니다. 그러기 위해 저는 선두에 서서 필사적으로 일하고자 합니다. 모두들 자신의 생활을 지키고 자신의 행복을 실현시키고자 한다면 저를 따라와주고, 그것이 싫다고 한다면 그만두길 바랍니다. 직원 모두의 행복을 위해서 저와 함께 고생할 사람이 아니라면 곤란합니다."

저는 이렇게 말했습니다만 당신의 경우도 같다고 생각합니다.

"저는 이 회사를 직원 모두가 행복해지기 위한 기반으로 만들고자 생각합니다. 지금 흑자가 조금 나온 정도로는 확고한 기반을 갖췄다고 할 수 없습니다. 이 회사를 튼튼하게 만들려면 매출과 수익을 좀 더 높여 직원 모두가 안심하고 운명을 맡길 수 있는 회사로 만들어야 합니다. 제가 선두에 서서 힘을 내보겠습니다."

이렇게 회사의 꿈과 목표를 말하고 본인을 따라와주기를 바란다고 필사적으로 직원들을 설득하십시오. 그래야 직원의 가치관이 변해갈 것입니다.

직원과 영합해서는 안 된다

흑자가 나왔다고 급여를 올려주거나, 직원들이 툴툴거리는 것에 영합해 무언가를 해주는 것. 이런 것들이 경영자의 역할은 아닙니다. 또 그렇게 했다고 해서 직원들의 가치관이 변하고 의식이 높아지는 것이 아닙니다.

"그 정도로 만족해선 안 됩니다. 언젠가 이 회사가 다시 적자로 전락해버릴지 모릅니다. 저는 이 회사를 그렇게 만들고 싶지 않습니다."

당신이 먼저 꿈과 목표를 만들고 직원들에게 그것을 호소해야 합니다. 거기서부터 시작하는 것입니다. 지금은 제로 상태입니다. 마이너스의 당신이 제로로 돌아와 출발 지점에 막 섰을 뿐입니다. 지금부터 당신은 앞으로 전진해야 합니다. 그러기 위해서는 당신 자신이 솔선수범해 선두에 서서 일을 이끌어가야 합니다.

당신은 솔직하게 반성하는 것이 가능한 사람이기에 이러한 것들을 실천한다면 얼마든지 성장할 수 있을 것이라 생각합니다. 부디 힘내주시기 바랍니다.

7

경영이념을
어떻게 심어줄 것인가?

저희 회사는 과일 도매회사들이 합병해 만든 청과 도매 기업입니다. 현재 매출액은 약 200억 엔, 이익에 대한 수수료 수입이 약 20억 엔, 경상이익이 약 3억 엔, 직원은 약 100명입니다. 각 회사들이 큰 적자를 가지고 합병한 것이라 경영난이 심했지만, 아버지께서 사장에 취임하신 뒤부터는 목숨을 건 노력을 통해 위기를 벗어나 순조롭게 발전해왔습니다.

저는 대학을 졸업하고 도쿄 츠키지 지역의 청과 시장에서 2년간 일한 후 이 회사에 입사했고 현장에서 영업을 담당하게 되었습니다. 아버지는 지역 상공회의소 회장을 맡고 계셔서 바쁘시고, 그 대리는 아버지 오른팔이라고도 할 수 있는 전무가 경영을 맡고 있었습니다. 저는 그 곁에서 일을 배웠습니다.

제가 입사한 뒤 약 10년 후 그 전무가 돌아가시고 제가 전무에 취임했습니다. 하지만 그때 그만두는 사람들이 많이 나오고 직원들의 부정이 꼬리를 물고 드러나는 등 꽤나 사내가 어지러웠습니다. 간부급이 저보다 나이가 많기 때문에 저에 대해 부족함을 느낀 것, 경영 관리가 부족했던 것, 저 자신에게 설득력이 없었던 것, 저 자신의 노력이 부족했던 것 등이 그 원인이었다고 느끼며 반성했습니다. 그리고 저는 직원 그 누구보다도 열심히 일했습니다. 제가 솔선수범을 보인다면 직원들이 분명 따라와줄 것이라고 생각해 아침 일찍부터 현장에 나가 일선의 직원과 함께 일했지요. 그때는 아버지께서 건재하시기도 했고, 반년 만에 사내는 진정되기 시작했습니다.

그 후 아버지가 돌아가시고 제가 사장이 되었지만 사내가 동요하는 모습은 보이지 않았습니다. 저는 경영 능력을 키워서 직원들로부터 존경받는 덕망을 가진 경영자가 되고 싶다고 생각해 세이와주쿠에 들어왔습니다. 그리고 공부한 결과로서 다음의 사항들을 실천해왔습니다.

1. 경영이념을 가슴에 품기. 전 직원 앞에서 '우리 회사의 목적은 전 직원의 물심양면의 행복을 추구하는 것이다'라고 단언하며 경영이념을 명확하게 선포했습니다.

2. 회식을 통해 직원과 소통하기. 보너스 지급 시기나 월 간부회의, 사내 레크리에이션 등 여러 기회를 통해 세이와주쿠 이야기를 꺼내며 '우리들도, 이 지역에서 넘버원 회사가 되자. 10억 엔 이익을 목표로 하고 힘내자'고 말했습니다.

3. 중견 직원들에게 경영자 감각을 갖게 하기. 부장 이상의 직원 모두 저보다 나이가 많기 때문에 다음 세대의 간부를 키워내자는 의미로, 30대 후반의 장래성 있는 직원 8명을 모아 '주니어 보드'(주니어 이사회)라는 모임을 만들었습니다. 그리고 이

들로 하여금 회사의 비전과 목표를 끌어내 사내에 전달하도록 했습니다.

이러한 것들을 1년간 시행한 뒤 이제 제 생각을 직원들이 좀 알게 되지 않았을까 하는 생각이 들어 직원들의 의식 조사를 시행했습니다. 그런데 결과는 달랐습니다. '사장이 뭔가 종교적인 신념에 빠져 있는 듯하다. 종교 지도자가 아니라 사장이었으면 좋겠다', '사장은 물심양면의 행복을 추구한다고 하지만, 우리들은 점점 불행해지고 있다'는 식으로 답한 것이었습니다. 그중에 입사 10년 차의 직원들이 특히 불만을 가지고 있었습니다.

불만의 배경으로는 해외로부터 생선, 냉동 야채 수입의 증가와 유통 채널의 다양화로 인한 경쟁 심화를 들 수 있었습니다. 그래서 직원들은 새벽 4시 반부터 저녁 7~8시까지 일하는 상황이었지요. 휴일에도 제대로 쉬지 못하고 일하는 힘든 노동 환경이었던 터라 부담이 가중되고 있었습니다. 그러니 '사장은 매출은 최대로,

경비는 최소로, 누구에게도 지지 않을 만큼 노력하자고 말하지만, 노동 시간, 노동 환경이 전보다 어려워졌다. 이것이 물심양면의 행복인 것인가?' 하는 불만이 터져 나오고 있습니다.

이에 대해 '일하면서 삶의 보람이나 일하는 보람을 추구한다면, 그것은 회사 이익을 가져옴과 동시에 직원의 경제적인 안정과 마음의 풍족함을 가져오게 될 테니 힘내자' 하는 식으로 설명해봤지만, 직원들은 쉽게 이해해주지 않았습니다. 제가 말하는 노동 조건의 향상에 대해 불만이 있는 것 외에 생산성 향상이 이익의 원천이라는 제 말이 설득력을 얻지 못한 탓인지도 모르겠습니다.

저로서는 일의 효과적인 방법을 모색하고 근무 시간 개선을 우선하는 것이 좋지 않을까 하고 생각하고 있습니다. 하지만 어려운 환경 속에서 회사를 확장시키기 위해서는 직원들의 힘을 모아 한 덩어리가 될 수 있도록 매진하는 것이 절대적으로 필요하겠지요. '모두 서로를 위해 일하자'라는 가치관을 기반으로 한 명 한 명이 힘을 발휘할 수 있게 되면 최고라고 생각합니다. 그러기 위해선 어떻게 하는 것이 좋은지 지 도 부탁드립니다.

이나모리 가즈오의 조언

직원의 행복을 위해 노동 환경을 개선하라

'누구에게도 지지 않을 노력'은 경영자의 것

오늘 이야기를 듣고 당신의 회사에서는 이미 전 직원이 힘을 모아 잘하고 있는 것 같다는 생각을 했습니다. 그리고 한 가지 알게 된 것이 있습니다.

저는 자주 '누구에게도 지지 않을 노력을 하라'고 말하곤 했습니다. 그것은 직원들에게 하는 말이 아니고 어디까지나 경영자에게 하는 말이었지요. 또 간부나 부장, 이른바 기업의 프로라고 불리는 사람들에게 하는 말이었습니다. 그중 첫 번째 프로는 경영자이기에, 특히 경영자에게 누구에게도 지지 않을 노력을 하라고 한 것입니다. 그런데 당신은 직원 모두에게 '누구에게도 지지 않을 노력을 하라'고 말해왔군요.

일반 직원들은 노동기준법에 정해진 1일 8시간이라는 소정의 노동 시간 동안 일하지만, 경영자는 프로이기에 시간에 구애받지 않고 무제한으로 일하지 않으면 안 됩니다. 경영자만큼 일하라고 하는 것은 직원들 입장에선 가혹합니다. 그런데 이야기를 듣자니, 당신 회사에선 직원들이 새벽 4시 반부터 밤 7~8시까지 일해주고 있네요. 그 노력에는 정말로 머리가 절로 숙여집니다만, 그렇게까지 일을 시켜서는 안 된다고 생각합니다.

8시간만 일하라고 할 수 없는 상황이라 해도 우리 중소기업이 용서받을 수 있는 범위는 통상 하루 2~3시간의 잔업을 하게 하는, 10~11시간 정도가 마땅합니다. 돌연 주문이 대량으로 들어와 어려운 상황이라면 20명 정도가 하루에 12~13시간씩 일주일 동안 일하는 것은 가능할 겁니다. 물론 잔업 수당을 제대로 지불했을 때의 이야기입니다.

지금처럼 새벽 4시 반부터 밤 7~8시까지 계속 일한다면 직원의 노력은 이어지기 힘듭니다. 또 직원의 물심양면의 행복이라는 것에 맞지 않다고 생각하는 것도 당연하다고 생각합니다. 누구에게도 지지 않을 노력을 하는 것은 우리들 경영자에게 요구되는 과제이며, 직원들은 노동기준법에 준하여 거기에 맞게 운영되어야 합니다. '사장이 저렇게 열심히 일하는데 한두 시간 정도 잔업해서 도웁시다' 하는 기분이 직원들에게 자연스럽게 생길 수 있도록, 즉 자발적으로 '도와줍시다' 하는 분위기를 조성해야 직원들의 능력이 발휘된다고 생각합니다.

생산성 향상의 환경을 추구하라
—

당신은 지금까지 회사를 잘 이끌어왔다고 생각합니다. 과일 도매 회사를 운영하며, 세전 10퍼센트 정도의 이익률을 내는 것은 드문 일입니다. 나이도 어린 편인데 자신보다 나이가 많은 부장들을 움직여서 세이와주쿠에서 배운 것을 그대로 실천하고 훌륭한 실적을 낸 것이지요. 정말 훌륭하다고 생각합니다. 거기까지 실적을 올렸으니 이제 열심히 힘내준 직원들에게 잘해주시기 바랍니다. 실적 향상이 직원의 물심양면의 행복으로 조금도 이어지지 않고 오히려 힘든 일을 시키는 상황으로 이어지면 안 되는 것이지요.

수입품 과일을 수급해야 하기 때문에 꼭 아침 4시 반부터 일해야 한다면 2교대로 하면 될 것입니다. 매일 그렇게 장시간으로 근무하는 것은 불가능합니다. 시간을 단축시키고 8시간 근무에 1~2시간 정도 힘내주기를 바라는 정도로 하되, 대신 생산성을 높여가는 겁니다. 지금까지 세 명이서 했던 일을 두 명이 하는 정도로 생산성을 향상시킬 수 있다고 생각합니다. 지금처럼 새벽 4시 반부터 저녁 8시까지 일했다는 것은 집으로 돌아가 가족과 이야기할 시간도 없었다는 것입니다. 우리들 경영자는 그래도 상관없지만 100명 정도의 직원 모두가 새벽 4시 반부터 저녁 8시까지 일하는 구조는 오래갈 수 없습니다. 의식 조사를 해서 이를 깨달았다는 것은 매우 다행스러운 일이라고 생각합니다.

　당신 역시 일의 효과적인 방법을 모색하고, 근무 시간 개선을 우선하는 것이 좋을 것 같다고 말했습니다. 인간은 젊을 때는 무리를 해도 됩니다만 나이를 먹으면 체력이 떨어집니다. 직원들 중에는 그렇게 무리하는 것이 정말 힘든 사람도 있을 겁니다. '일의 효과적인 방법을 모색하고, 근무 시간을 단축시키고, 직원 모두가 느긋하게 가족과 시간을 보낼 수 있도록 만드는 대신 생산성을 50퍼센트 증가시키도록 하자'는 식으로, 생산성을 떨어뜨리지 않으면서 노동 환경을 보통의 회사 정도로 바꾸는 것이 과제라고 생각합니다. 세이와주쿠에서 공부한 것을 회사에 실천하고, 경영이념을 심어주고, 직원들이 열심히 일할 환경을 만들어낸 것은 훌륭한 점이라고 생각합니다. 이제 직원들이 물심양면의 행복을 진정으로 누리도록 하기 위해 고칠 부분은 개선해야 할 때라고 생각합니다.

8

팀워크를 강조해야 할까,
개성을 중시해야 할까?

저는 고등학교 졸업 후 중견 건설 회사에 입사했습니다. 재직 중에는 공항 건설 공사나 화력발전소 건설 공사 등 많은 거대 프로젝트에 참가할 기회가 있어 8년간을 충실히 보냈습니다. 그러나 기술부로 배속되어 현장을 모르는 연구 전문의 과장과 전혀 의견이 맞지 않은 상태로 있다가 결국 회사를 그만두고 말았습니다. 그리고 전 직장에서 배운 설계 기술을 살려 공공 토목 공사의 설계를 하는 설계사무소를 창업했습니다.

공공 토목 공사의 설계는 특수성도 있고 혼자서 운영해 매우 돈벌이가 되었습니다. 저와 제 아내, 그리고 파트타임 직원 여성 한 명만으로 첫 해 2,400만 엔의 매출액이 나와 경비를 제하고 남은 1,900만 엔이 저희 수입이 되는 상황이었습니다.

하지만 버블이 붕괴되어 국가에서 공공 토목을 감소시키기 시작해 많은 동업자들이 도산하기 시작했습니다. 그런 역경 속에서도 저희 회사는 어떻게든 살아남았습니다. 현재의 업무 내용은 공공 토목 건설 설계를 중심으로 항만, 댐, 저수지, 하수처리장의 설계 등입니다. 또 다각화를 통해 설계 기술을 응용한 3차원 CG를 통한 영상 콘텐츠 제작을 하고 있습니다. 현재 회사 규모는 그룹 전체 16명, 매출액은 본사만 8,000만 엔, 관련 회사를 모두 합쳐 1억 2,000만 엔 정도입니다.

저는 지금까지 설계사무소의 경우, 사람이 적은 쪽이 돈을 벌기 좋다고 생각했기 때문에 가족끼리 운영하는 것으로 충분하다고 생각했습니다. 하지만 세이와주쿠에 들어와 수강생들의 기업 성장 과정을 접하면서 제가 근본적으로 잘못 생각하고 있었다는 것을 깨달았습니다.

게다가 3년 전부터 갓 졸업한 우수한 학생들을 채용할 수 있게 되었는데, 그들과 꿈이나 장래에 관해 이야기하면 할수록 회사를 보다 훌륭하게 키워내야 한다는 생각을 하게 되었습니다. 그래서 7년 후 매출액 20억 엔, 경상이익 4억 엔을 목표로 누구에게도 지지 않을 노력을 하자고 직원들과 맹세했습니다.

현재 1억 엔의 매출액밖에 되지 않는 회사가 7년 뒤 20억 엔을 목표로 한다는 것은 일견 무모하게 보일 수 있겠지만 사실은 그렇지도 않다는 것을 깨달은 것입니다. 그것은 세이와주쿠에서 과거 10년간 크게 성장한 기업들 중 매출액 10억 엔 이상, 50억 엔 미만의 비제조업 기업을 보면서 재미있는 공통점을 찾을 수 있었기 때문입니다. 그 공통점이란 다음과 같습니다.

1. 영업력을 주체로 하는 기업이라는 것
2. 창업 당시 사장에게 기술, 인맥, 자금 등이 부족했던 것

특히 감탄스러운 것은 두 번째였습니다. 기술이나 자금이 충분치 않은 상황에서의 창업임에도 모두들 비약

적으로 성장한 것이었지요. 즉 훌륭히 성장 및 발전을 이룬 사장에게 있던 것은 정열뿐이었다는 사실입니다. 저를 포함해 많은 영세기업 사장이 기술이나 재능, 부모로부터 물려받은 자산 등이 있는 경우 역으로 그것들이 스스로의 성장을 방해하는 요인이 되는 것은 아닐까 하는 생각이 들기 시작했습니다. 정열만을 가지고 기업을 급성장시킨 사장들이 있다는 것은 큰 자극제가 되었지요.

저는 영세기업을 중소기업으로 발전시키기 위한 방법은 철저한 영업력 강화밖에 없다고 확신했습니다. 다행히 다각화를 위해 시작한 3차원 CG를 통한 영상 콘텐츠 제작 사업이 매우 호평을 받아 대기업 철강 회사나 건설 회사 등의 홈페이지를 제작하게 되었습니다. 신기술, 신공법 등의 건설 기술의 프레젠테이션은 지금도 조금씩 보급되고 있고, 인터넷 상에서의 스트리밍이나 CD-R을 이용한 영업에 사용될 것이라 예측되고 있습니다.

저희들이 그러한 시장의 개척자가 되어야겠다고 생

각하고 있습니다. 그러기 위해 '좋은 기술만 있으면 된다'라는 기술자의 프라이드를 버리고 사장 자신부터 한명의 영업직원으로서 영업에 뛰어들겠다고 결의했습니다. 직원들도 '불황이 오더라도 긍정적으로 영업력을 강화시키면 된다'라고 의견을 낼 정도로 긍정적입니다.

그런데 문제는 그 무엇보다 중요한 영업을 누구도 실제로 해본 적이 없다는 것입니다. 설계사무소만을 운영할 때는 한 번 눈에 띄면 아무것도 안 해도 주문이 들어왔기 때문에 지금까지는 영업부가 필요하지 않았습니다. 현재 맨땅에 헤딩하듯 영업을 전개하고 있지만, 그 노력을 비웃듯 허탕만 치고 돌아왔는 직원들을 보고 있으면 본질적으로 영업이란 무엇인지 도무지 모르겠습니다.

그래서 첫 번째 질문을 드립니다. 영업부는 일사불란하게 싸우는 전투 집단, 즉 군대 타입으로 키우는 것이 좋은지, 아니면 개성을 존중해 이를 무럭무럭 키워내는 타입이 좋은지 알려주십시오. 영업은 개인의 자질에 크게 의존하므로 영업부의 독자적인 철학 같은 것이 필요하다고 생각하고 있습니다. 이나모리 회장님의 영업관, 철학에 대해 가르쳐주시면 좋을 것 같습니다.

참고로 저는 영세기업이 중소기업으로 탈피하기 위해 기술력에 의지할 게 아니고 전원 참가를 통한 영업, 이에 더해 어느 정도 군대와 같은 통제를 받는 영업부가 필요하다고 느끼고 있습니다. 철학을 기본으로 강력한 영업부를 구축할 수 있다면 매출액 20억 엔이나 30억 엔 달성이 가능하다고 생각합니다.

다음으로 두 번째 질문은, 인격과 영업 성적의 상관관계를 어떻게 봐야 하는지에 대한 것입니다. 영업 성적이 평균치보다 높은 직원이 있습니다. 중도 입사한 직원입니다만 영업 경험이 있고 책사 기질이 상당히 있어 높은 성적을 내고 있습니다. 하지만 인간성이 그리 좋은 편이 아니어서 경영철학이 심어진 다른 직원들과의 협조가 되지 않습니다. 기회가 될 때마다 이야기를 나누고 우리 가치관에 찬동할 수 없다면 어쩔 수 없이 그만두게 하거나 해야겠지요. 여기서 의문이 드는 건 높은 인격과 영업 성적 사이에 어떤 관계가 있는가 하는 점입니다. 인덕이나 인품이라는 인간성과 영업 성적의 관계는 처음부터 관련성이 없는 것으로 보는 것이 맞지 않겠습니까?

저는 우리들이 쌓아올린 회사의 특성, 기술력, 그 응용력을 구체적인 사례를 들며 진지하고 성실하게 호소하는 견실한 능력이 영업사원과 저희 회사의 신뢰를 구축한다고 생각하고 싶습니다. 이것이 맞다면 영업직원의 특성과 회사 철학의 일체화가 필요하다고 여겨지는데 맞는지요? 부디 지도 부탁드립니다.

이나모리 가즈오의 조언
영업에 재능 있는 사람에게 철학을 가르쳐 견실한 직원을 육성하라

정열만으로는 발전하지 않는다

토목 관련 설계 기술을 살려 공공 토목 사업의 설계를 한다고 하셨습니다. 공공 토목 설계는 특수성이 있어서 되도록 직원을 고용하지 않고 혼자서 일하는 것이 수입에 좋다고 생각했었군요. 그러다 지금까지 '가족끼리 운영하는 것으로 충분하다'라고 자신에게 되뇌어온 것 자체가 근본적으로 잘못된 것이었다는 걸 깨달았다고 하셨습니다. 우수한 직원들도 입사하기 시작했기에 7년 후에는 20억 엔의 매출을 올리고 싶으시고요. 일견 무모한 것을 말하는 것처럼 보이지만 세이와주쿠의 선배 기업들을 보건대 '굉장한 성장 및 발전을 이뤄낸 기업의 사장에게 있던 것은 정열뿐이었다는 사실'을 깨달았다고 하셨습니다.

하지만 사실은 그 부분이 커다란 착각입니다. 세이와주쿠에서 발전한 수강생 기업은 단순히 정열만으로 성장한 것이 아닙니다. 물론 훌륭한 정열을 가지고 있는 것은 맞지만, 정열 외에도 남들보다 곱절로 창업 공부를 중시해 누구에게도 지지 않을 노력을 했기 때문입니다. 다른 사람이 눈치채지 못하는 것을 알아차려 새로운 방법을 생각해내고 새로운 기술이나 새로운 판매 방법을 고안해낸 것입니다.

기술이나 자본에 안주하지 마라

"저를 포함한 많은 영세기업은 기술이나 기능, 부모로부터 물려받은 자산 등이 있습니다만, 역으로 그것들이 자신의 성장을 방해하는 요인이 되는 것은 아닐까?"라고 말씀하셨지요. 기술이나 기능, 또는 부모로부터 물려받은 자산이 성장의 방해 요인이 되는 것은 아닙니다. 그것은 훌륭한 무기가 될 터입니다. 그것이 방해 요인으로 보이는 이유는 그것에 안주하기 때문입니다. 기술이 있다고 자만하거나 부모로부터 물려받은 자산이 있다고 거기에 안주해버리는 것이 진짜 문제입니다. 다시 말해 게으른 근성을 가졌기 때문이지요.

그 정도의 기술이 있고, 자산이 있다면 가족 경영 체제로 갈 것이고, 많은 직원을 모으지 않아도 돈을 벌 수 있다면 이대로 혼자 돈을 버는 것이 편하다고 생각할 것입니다. 편하게 돈을 벌자는 가치관은 이미 현 상태에 안주하고 있다는 증거입니다.

기술이나 자산이 성장 및 발전의 방해 요인이 된 것

이 아닌, 위와 같이 적당히 하려는 근성이 성장 및 발전의 방해 요인이 된 것입니다. 가지고 있는 기술이나 기능은 발전 요인이며, 부모로부터 물려받은 자산도 발전 요인입니다. 하지만 그것에 안주해 기대려는 게으른 근성을 보인다면 발전의 방해 요인이 되어버리는 것입니다.

'무조건 팔아라' 식의 영업은 안 된다
—

'기술 같은 건 필요 없으니 어찌 되었든 팔아라' 식의 방법으로 영업이 가능할 것 같지만, 이는 사실 말도 안 되는 것입니다. 공공 토목 사업 설계 회사로서 업계의 다른 회사들에 비해 이런 장점과 기술이 있다는 것을 영업직원들에게 가르치고, 그것을 무기 삼아 사업을 따오도록 지시해야 합니다. '우리 회사는 다른 회사에서는 할 수 없는 이런 서비스가 가능하다', 즉 그 회사만의 무기를 갖지 않는다면 영업이란 불가능한 것입니다.

목숨을 걸고 영업을 했지만 허탕을 치고 돌아오는 직원들의 모습을 보고 가엽다는 생각이 든다고 하셨습니다. 맨땅에 헤딩하듯 영업을 전개하고 있다고 하셨습니다만, 저는 그런 방법으로 영업을 하라고 말한 적이 없습니다. 교세라의 훌륭한 기술, 훌륭한 제품에 관해 고객에게 설명해 주문을 받아내는 것에 있어서 단순히 "주문해주십시오" 하고 끝내는 사람은 단 한 명도 없습니다. 새로운 무기, 강력한 무기를 갖지 못한다면 주문은 따낼 수 없습니다.

거절당했을 때가 영업의 시작이다

하지만 업계의 타사들보다 강한 무기, 장점을 가지고 영업을 한다 해도 그것만으로는 고객이 주문해주지 않습니다. '직원 10명의 회사 주제에 이렇게 커다란 공공 토목 사업의 설계를 하길 원하다니, 꿈도 크다. 우리 회사는 수백 명의 설계기술자가 있는 대기업 토목 회사와 거래하고 있다. 그런 영세기업에서 뭐가 가능하겠나?' 식의 말을 듣기 십상입니다.

4~5명의 직원들을 먹여 살릴 수 있을 법한 연간 1억

엔 정도의 작은 주문 정도라면 줄지도 모르지만, 연간 20억 엔의 주문을 얻어내고자 한다면 뛰어난 기술력과 신용력이 없으면 안 됩니다. 작고 믿을 수 없는 회사에 어느 누가 커다란 주문을 하겠습니까? 그 정도의 설계를 맡기기 위해선 그에 상응하는 훌륭한 회사에 의뢰하는 것이 당연한 것입니다.

"영세하고 자그마한 기업입니다. 직원도 적고, 사장도 좋은 학력을 갖지 못했습니다. 하지만 저희 회사는 이러한 장점이 있고, 이러한 기술이 있으며, 이러한 서비스가 가능합니다. 애프터 서비스도 몸이 가루가 되도록 열심히 하겠습니다. 대기업 설계 회사를 이용하실지 모르지만, 조금이라도 좋으니 저희 회사에 설계를 맡겨보시지 않겠습니까?"라고 영업을 해야 합니다. 이렇게 영업을 해도 계속해서 거절당할 것입니다. 그렇기에 저는 경영철학 안에서도 '더는 안 되겠다고 할 때가 일의 시작이다'라고 말하고 있는 것입니다.

영업을 뛰고 온 직원이 거절당해 금방 울 것 같은 얼굴로 돌아오면 이렇게 말하십시오.

"왜 그런 표정을 짓고 있습니까? 거절당하는 게 당연하지요. 고작 10명 정도밖에 없는, 그리고 연 1억 엔 정도의 설계밖에 안 하는 회사가 대기업 설계 회사를 제치고 주문을 달라 하니 쉬이 줄 리가 있나요. 내가 발주하는 입장이었어도 불안하고 신용할 수 없으니 주문을 꺼릴 겁니다. 하지만 이 정도의 열정과 기술력, 노력이 있다면 주문 한 개 정도는 발주해볼까 하고 상대가 생각해보도록 성의와 열의를 보이는 수밖에 없습니다. 거절당하는 게 당연하고, 거기서부터 일이 시작되는 겁니다. 매일 도전해보십시오."

특수한 재능 보유자의 개성을 발견하라
—

일사불란하게 싸우는 전투 집단, 즉 군대와 같은 영업부가 좋은지, 아니면 개성을 존중해 이를 무럭무럭 키워내는 영업부가 좋은지 물으셨지요. 이것은 두 번째 질문과도 관계되어 있습니다. '현재 영업 실적이 평균치보다 높은 직원은 상당한 책사이지만, 그다지 인간성이 좋은 편이 아니다. 현재의 철학을 잘 이해하는 사내와 협조가 이뤄지지 않고 있다'라고 했습니다.

말씀하신 대로입니다. 영업이라는 것은 단순히 철학을 익혀서 일사불란한 전투 집단이 되는 것만이 좋은 방법은 아닙니다. 영업은 특히 그렇습니다만 특수한 개성이 필요합니다. 주문을 얻어낼 수 있는 사람은 무언가 특수한 재능을 가지고 있습니다. 화술과는 다르고, 이야깃거리와도 또 다르며, 열정과도 다른 이러한 각각의 개성에 의해 주문을 얻어내는 것입니다.

'책사'에게 경영철학을 각인시켜라
—

책사 유형의 사람은 늘 책략을 익히고 있는 사람이기에, 철학을 열심히 공부한 성실한 사람들과는 맞지 않습니다. 성실한 사람은 생각만큼 주문을 따오지 못하며, 굳이 얘기하자면 철학을 다소 무시하고 그다지 배우려 하지 않는 사람이 실적을 올리는 경우가 많습니다. 인간성이 높아진다고 영업이 가능해지고 능력이 좋아지는 것은 아닌 거 같다고 했는데 맞는 말씀입니다.

그러니까 책사적인 능력이 있는 사람, 거기에 더해 그런 사람에게 경영철학을 철저히 교육시켜야 하는 것입니다. 적당히 일하며 어떤 때에는 사람을 속여서라도 주문을 얻어내는 책사. 하지만 그래서는 일시적으로 성공할 수 있어도 장기적으로는 그렇지 못합니다. 그것은 철학이 없기 때문입니다.

"우리 회사는 성실한 회사이기 때문에 그렇게 이야기하면 거짓말이 되어버리지요. 하지만 당신의 능력은 굉장합니다. 그 능력을 더 훌륭하게 키워내고자 생각한다면, 철학이 필요해요"하고 철저하게 교육시켜야 합니다. 그러한 사람이 철학을 몸에 체득하게 되면 호랑이에 날개를 단 격이 될 것입니다.

유능한 영업사원에게 배워라

특수한 개성과 재능을 갖지 못한 사람들은 대체로 솔직한 사람들입니다. 그런 사람들이 확실히 철학을 몸에 체득한다면 그때는 일사불란한 군대와 같은 영업이 가능해집니다. 이때 영업의 재능을 가진 사람이 가지고 있는 노하우를 일사불란하고 견실한 사람들에게 가르치는 것입니다.

"회사에서 가장 높은 매출을 올리고 있는 그의 노하우를 배워봅시다"하고 재능을 가진 사람에게 강의를 시키는 겁니다. 그러면 그가 어떻게 주문을 따내는지, 즉 그 노하우를 사람들에게 가르쳐주겠지요.

"그저 솔직하게 일사불란한 군대처럼만 움직여선 주문을 따낼 수 없습니다. 그와 같이 유머러스하게 고객님을 매료시킨 뒤 주문을 따내야 합니다. 고객들이 좋아하지 않으면 영업이 되지 않습니다. 이런 것들을 배워봅시다."

솔직한 사람들에게는 특징이 있는 우수한 능력을 가진 영업사원의 노하우를 익히게 해 체득시키고, 한편 능력 있는 개성 강한 사람에게는 철학을 가르치는 겁니다. 이 두 가지가 모두 필요하다고 생각합니다.

問

3장

어떻게
함께 경영할 간부를
키울 것인가

공동 경영자를
만들어라

회사의 성장과 경영 간부

회사가 작을 때에는 경영자가 모든 것을 관리하는 것이 가능하지만, 회사가 성장해 커지면 전체를 혼자서 관리하는 것이 어렵게 됩니다. 그렇게 되면 경영자에게 있어 자신의 가치관을 이해하고 자신의 분신과 같이 경영을 책임질 경영 간부의 존재가 필요해집니다.

어느 회사든 우수한 인재가 처음부터 많지는 않습니다. 회사를 성장시키고자 한다면 경영을 함께할 간부를 육성하는 수밖에 없습니다.

직책을 주어 단련시켜라

제 경우 저와 비슷한 의식을 가진 인재를 육성하고 싶다고 생각해 '아메바 경영'이라 불리는 경영 수법을 생각해냈습니다. 아메바 경영에선 회사를 아메바라 불리는 소집단으로 나누고 독립채산제를 통해 운영합니다. 그 소집단의 리더 역할은 가령 충분한 경험이 없더라도 진지하고 장래성이 있는 인재에게 맡기고 부하직원을 몇 명 붙여줍니다. 그리고 "당신은 오늘부터 이 아메바의 리더입니다. 당신이 아메바의 사장으로서 주문 관리, 제조, 채산, 인사 등 모든 것을 운영해 이 조직을 지키고 발전시켜주십시오" 하고 이야기합니다.

리더로 발탁되어 그 부문의 책임을 맡게 되면 직원으로서 지시를 받는 입장에서, 리더로서 지시를 하는 입장이 됩니다. 아무리 작은 조직이라도 리더는 자신의 부문을 지켜야 하는 것이기에, 스스로 사업 계획을 세우고 그것을 달성하기 위해 필사적으로 노력하게 됩니다. 또 목표를 향해 부하직원들이 의욕을 낼 수 있도록 힘쓰거나 지도하는 중에 리더로서의 능력을 갈고닦아 성장하게 되는 것입니다.

이때 중요한 것은 그저 리더에게 권한을 위임해 맡겨버린 채 방치하지 않는 것입니다. 엄하게 지도하면서도 깊은 애정을 담아 부하직원들을 대하고 리더로서의 성장을 지켜보는 것입니다. 그러다 보면 경영자와의 사이에 진실한 연대감과 동지로서의 의식이 생겨나게 됩니다.

이렇게 부문을 맡겨 단련시키는 동시에, 저는 일의 의의를 설명해 리더로서의 역할이나 사명을 잘 이해할 수 있도록 노력했습니다. 평소부터 리더에게 적합한 인간성을 가질 수 있도록 지도하면서 활약할 장소를 제공하는 것으로 경영 자의식을 가진 간부를 육성할 수 있었던 것입니다. 이것이 리더의 인간적인 성장을 재촉하면서도 결과적으로 회사 실적을 올리는 계기가 됩니다. 경영 간부가 될 인재를 육성할 수 있느냐 여부가 회사를 크게 성장시킬 수 있는가의 분수령이 되는 것입니다.

9

회사 확장 시
기존 직원들에 대한 처우는?

저는 처음 서양식 바를 운영하다 이후 업종을 바꿔서 지금은 회전초밥집을 중심으로 사업을 전개하고 있습니다. 연매출액은 약 1억 2,000만 엔입니다.

저는 이나모리 회장님의 《일심일언(心を高める, 經營を伸ばす)》을 읽고 경영 강의 테이프를 들으며 커다란 감명을 받았습니다. 매일 그것을 듣다가 '어떠한 산에 오르고, 싶은 것인가, 즉 어떤 회사를 목표로 하고자 하는가'를 생각하게 되었고, 우선 매출 100억 엔의 기업이되자는 목표를 세웠습니다. 또 외식 전문 컨설팅을 받던 중에 100억 엔 기업의 경영자와 만나게 될 기회가생겨, 저 역시 그 목표를 충분히 달성할 수 있을 것이라

고 생각하게 되었습니다. 직원들에게도 그런 저의 뜻을 설명하고 이해를 얻고자 노력해왔습니다.

하지만 그 목표를 직원들에게 말한 이후 창업 때부터 함께 일해온 고참 직원과의 사이에 고랑이 생기기 시작했습니다. 그 원인은 아무래도 제가 높은 목표를 명확하게 세운 터라 일이 힘들어질지 모른다 여겼기 때문일 겁니다. 이전부터 그 고참 직원의 능력과 가치관에 불안감을 느껴왔는데, 최근 들어 그것이 더욱 증폭되었습니다.

구체적인 그 불안감의 요소 중 하나는, 고참 직원에게 리더십이 없다는 점입니다. 업무에는 매우 열심히 임하고 있지만 부하를 위해서 또는 고객을 위해서 솔선수범해 일하는 자세가 보이지 않습니다. 주어진 일은 긍정적으로 소화해내지만 머리를 써서 스스로 일을 하는 타입은 아닙니다. 이전부터 저는 목숨을 걸고 일하는 것과 동시에 리더가 되기 위해서는 좀 더 머리를 활용하는 것이 중요하다고 생각해왔습니다. 그렇기에 일을 지시할 때도 그 이유를 확실히 설명해왔습니다.

또 다른 불안감의 요소는, 부하직원이나 타인의 기분을 이해하지 못하고, 또 이해하고자 하지도 않는다라는 점입니다. 이는 상냥함이나 배려심이 없기 때문이 아닐까 하고 생각합니다. 주의를 줘도 "그렇다고 생각합니다" 하고 답하거나 "이해할 수 있도록 노력하겠습니다" 하고 답할 뿐 전혀 변화를 보이지 않고 있습니다. 경영자로서 그를 보면 부족하다는 느낌을 떨치기 어렵습니다.

저는 인간이 당초 가지고 있는 능력은 극단적인 차이가 없다고 생각하며 업무를 구성하는 '가치관'을 통해 크게 변화시킬 수 있는 것이라 생각하고 있습니다. 직원들의 의욕을 불어넣지 못하고 설득하지 못하는 것은 제 기량 부족 때문일지 모르겠습니다. 그에게 격려의 말을 건네보기도 했지만 최근에는 말투도 거칠어지고 제가 보이지 않는 곳에서 자주 불만을 터뜨리기까지 하는 상황입니다.

이번에 출점하는 신 점포에는 저 자신이 가고자 하는데, 기존 점포를 그와 다른 한 명의 주임에게 맡겨도

될지 고민입니다. 직원들 사이에서도 사장이 새로운 점 포에 가버리고 그가 점장이 되어 운영하는 것이 불안하 다는 목소리가 나오고 있습니다.

저는 창업 당시부터 함께 일해온 그에게 경영의 즐 거움을 맛보게 하고 싶다는 생각이 있습니다. 근본이 나쁜 사람은 아니지만 경영자로서의 능력이 부족하다 고 생각되는 그에게 경영을 맡기려면 어떻게 하면 좋을 지 조언 부탁드립니다.

이나모리 가즈오의 조언

경영 관리의 구조를 만들고 다점포 전개를 준비하라

회사 성장기의 고민

이는 회사가 크게 성장하는 시기에 반드시 맞닥뜨리는 문제입니다. 당신은 직원의 능력에 극단적인 차이는 없 기에 업무 대처 방법에 따라 어떻게든 될 것이라 생각하고 있습니다. 그러나 능력에는 역시 분명한 차이가 있습니다. 그것을 확인하고 싶지 않은 것은 당신의 상냥함 때문이겠죠.

제 책이나 강의 테이프를 접하기 전의 당신은 어떤 인생을 살아갈 것인가에 대한 진지한 생각도 없이 선술집이나 회전초밥집을 경영했을 뿐입니다. 그때부터 함께 일해온 직원이라는 것은, 달리 말하면 그 무렵 당신의 그릇에 맞는 사람이었을 거라는 뜻입니다.

그러나 당신은 돌연 변하기 시작했습니다. '그저 회전초밥집을 운영하는 것이 아닌, 매출 100억 엔 규모의 외식 산업을 목표로 자신의 인생을 살아가보자'라는 생각을 갖게 된 것이지요. 그것을 직원들에게 이야기하고 그 목표를 향해 일을 하기 시작했습니다. 그러자 창업 때부터 있던 직원이 믿음직스럽지 않게 보이게 된 것입니다. 본인이 이렇게 하고 있으니, 그 역시 똑같이 따라와주길 바란다고 열심히 이야기하고 있는 상황이지요.

아쉽지만 그분에게 당신과 같이 변해 달라 요구하는 것은 무리일 수 있습니다. '짚신도 짝이 있다'는 말처럼 선술집을 운영하던 당신에게는 그에 걸맞는 직원이 왔던 것입니다. 즉 그 당시 당신에게 맞는 짝을 만났던 것입니다. 그러나 그 짝이 돌연 분발해 짝이 맞게 된 것에서 멈추지 않고 한 걸음 더 나아가 이제는 서로 짝이 맞지 않게 된 것이지요. 당신은 함께 한 걸음 더 나아가자고 열심히 이야기하고 있지만, 상대 입장에선 그것을 플러스로 받아들이기는커녕 너무 험난한 길이 아닌가 하며 불만을 갖게 된 것입니다.

당신에게 이야기를 듣고 그 뜻에 따라 자신도 100억의 그릇이 되겠다고 한다면 좋겠습니다만, 그렇게 되지 않는다면 그것은 그의 그릇인 것입니다. 당신의 경우는 누군가에게 강요받지 않더라도 제 책을 읽거나 강의 테이프를 듣는 등 자기 변혁을 이루고자 하고 있지만, 그 사람은 당신에게 몇 번이고 이야기를 들어도 변하지 않을 것입니다. 그렇게 변화하고자 하는가 안 하는가, 그 생각의 차이가 그 사람의 그릇을 결정하는 것입니다.

경영을 관리하는 구조를 만들어라

그렇다면 어떻게 해야 할까요. 당신이 신 점포에 가고 그 고참 직원과 주임에게 기존 점포를 맡기는 것이 불안하다고 한다면, 채산이 맞도록 당신이 경영하고 있는 기존 점포의 경영을 관리하는 구조를 만들어야 합니다.

우선은 회전초밥집의 관리 항목을 전부 문서화하십시오. 채산 면에서는 다양한 손익 계산서의 관리 항목을 전부 적어냅니다. 매출이 이 정도라면 재료가 되는 생선 구매액은 이 정도까지, 인건비는 이 정도까지, 전기요금은 이 정도까지, 그리고 이 범위로 운영하면 이익이 어느 정도 나올지까지 예상해 적고, 채산을 내려면 어떻게 하면 좋은지 관리하는 구조를 만들어야 합니다.

그리고 그것을 통해 경영할 수 있는가를 체크하는 체계를 만들어야 합니다. 예를 들어 10일씩 끊어서 10일분의 매출이 얼마이고, 구매액이 얼마이고, 재료비가 얼마, 인건비가 얼마, 그리고 이익이 얼마라는 것을 체크하는 식으로 말이지요. 또한 장부의 숫자와 현금 등이 맞는지를 확인할 필요가 있습니다. 이러한 구조를 만들고 그것을 토대로 1개월이면 1개월간 당신이 곁에서 지도하는 것입니다.

즉 경영을 관리하는 구조를 만들어서 당신 수준의 능력이 없더라도 직원이 그것을 쫓아 경영할 수 있는 체제를 구축해야 합니다. 이런 방법으로 경영의 실태를 체크하는 구조만 있다면 커다란 실수가 발생하지 않을 것입니다. 그렇게 한 후에 당신은 신 점포의 경영에 몰두하면 됩니다.

부관은 인간성을 보고 뽑아라

당신의 질문에 대한 대답은 이 정도면 충분하리라 생각합니다. 하지만 당신이 100억의 외식 산업을 목표로 하고 그릇을 크게 키우게 되면, 문제는 거기서 끝나지 않습니다. 언젠가는 당신의 목표에 맞는 부관이 필요하게 될 것입니다. 문제는 그것입니다.

회사는 경영자의 그릇, 기량에 크게 좌우됩니다. 경

영자의 그릇이 작은데, 회사만 승승장구하며 크게 성장하는 법은 절대로 없습니다.

당신 자신의 그릇이 성장하면 머리도 좋고 재능이 있는 사람을 원하게 됩니다. 100억 엔의 목표를 달성하기 위해 우수한 사람을 채용해야 한다는 생각에 대학을 졸업한 사람을 고용하고 싶어집니다. 또 고용하고 보면 확실히 능력 있어 보일 것입니다. 하지만 그러한 사람들은 대부분 대략 1년을 버티지 못하고 그만둡니다.

지금까지의 직원들은 학력도 부족하고, 능력도 없었지만 성실하게 경영자가 말하는 것을 잘 들어주어 회사 분위기가 좋았을 것입니다. 하지만 대졸 신입직원은 불평불만을 반복해 토로하고 회사 분위기까지 망가뜨리고 그만두고 맙니다. 머리는 분명히 좋을지 모르지만 인간성이 좋지 않은 직원은 곤란합니다. 그래서 '역시 능력보다는 솔직한 사람이 좋구나' 하고 채용하고 보면 '저쪽을 봐라'라고 하면 그대로 저쪽만을 볼 뿐이어서 이 또한 마음에 들지 않습니다. 저 자신도 이러한 과정을 반복했지요.

하지만 당신이 100억 엔 규모의 외식 산업을 목표로 한다면 우수한 인재가 꼭 필요합니다. 왜 그러한 인재는 회사에 정착하지 않는 것인가. 그것은 당신이 그 사람을 '채용했다'가 아니고 그 사람이 '들어와줬다'고 여기기 때문입니다. 그 사람 입장에선 그러한 의식을 가지고 있는 것입니다. 거기서 이미 입장이 역전되어 있지요. 이런 상태로 당신이 꾸짖으니 바로 못마땅해하며 그만둬버리는 것입니다.

100억 엔의 회사로 성장시킬 때까지 당신의 부관은 당신을 신뢰하고 존경하는 인간이어야 합니다. 대졸의 능력 있는 사람이 금방 당신에게 신뢰를 주고 존경까지 해주길 바란다면 안 되겠지요. 결국 당신의 성장이 진행될수록 거기에 맞는 사람이 모여드는 것입니다.

이런 식으로 어떤 단계에서 당신이 부관으로 채용한 사람이 다음 단계에선 다시 불만을 토로할 수 있습니다. 새로운 임무를 받은 사람은 역시 그에 걸맞는 그릇이 필요한 것입니다. 능력은 없지만 야심이 있는 고참 직원이라면 자신이 능력이 없다는 것에 불만을 갖겠지요. 그런 사람이 고참으로 있을수록 그가 가진 불평불만은 사내 분위기를 망쳐놓을 것입니다.

그러니까 어떤 현명한 사람을 고용하더라도 인간성이 좋은 사람을 고용해야 합니다. 절대로 능력만 보고 채용해서는 안 됩니다. 지금 우리 회사에 이러한 우수한 전문가가 간절히 일하고자 해도 인간성이 부족한 사람은 고용하지 말아야 합니다. 그보다는 오른쪽을 보라 하면 오른쪽을 보는 사람이 더 낫습니다. 그러한 사람만 고용한다는 것은 경영자의 그릇도 딱 그 정도 수준이라는 얘기입니다.

그릇에 맞게 일을 맡겨라
——

제가 교세라는 회사를 만들기 전에 다니던 회사에서 연구를 하고 있던 당시, 고졸로 입사해 저의 연구조수를 했던 사람이 있습니다. 그는 제가 노력해 성장했듯이 그만큼 함께 노력해 전 세계 교세라 그룹의 회장을 역임할 정도의 그릇이 되었습니다. 그런 사람을 끝까지 소중히 여기는 것은 조직 운영에서 절대 조건입니다. 교세라에는 일류 대학을 나온, 나이도 그와 비슷한 사람들이 많이 있습니다만, 그것은 아무런 문제도 되지 않을 정도로 그는 인간성이 좋고 역량도 훌륭한 사람입니다.

하지만 전 회사에 다닐 당시부터 함께 일한 사람들 전부가 그렇게 성장한 것은 아닙니다. 작은 자회사의 사장을 하고 있는 사람도 있습니다. 그것은 각각의 그릇에 맞는 일을 맡기고 있기 때문입니다. 그럼에도 자회사 사장을 하고 있는 사람들 중에 "창업 이전부터 이나모리 씨와 나는 동료였고, 함께 교세라를 창업했지. 그런데도 나는 자그마한 회사 사장을 하고 있다니…" 하는 식으로 말하는 사람은 없습니다. 현재의 일에 감사하고 삶의 보람을 느끼며 힘껏 일하고 있지요. 그러한 훌륭한 인간성을 가지고 있기 때문에 회사도 훌륭하게 경영할 수 있으며 모두에게 신뢰받을 수 있는 것입니다.

능력은 뛰어나지 않더라도 인간성이 좋아 오래도록

목숨을 걸고 일하는 사람은 인간적 정을 가지고 대해야 합니다. 하지만 어디까지나 그 사람 수준에 적합한 일을 시켜야 합니다. 그리고 능력이나 학력이 별로라도 경영자가 성장하는 것에 따라 오래도록 목숨을 걸고 쫓아와 이윽고 두각을 나타내는 사람이야말로 중요하게 여겨야 하는 법입니다.

후배가 상사가 될 수 있다는 점을 이해시켜라
—

교세라는 성장하는 과정에서 차례차례 큰 사업을 추진했기 때문에 중간에 우수한 사람을 데려와 사업을 맡기는 경우도 있었습니다. 그렇게 하면 중도 입사한 사람이 갑자기 오래전부터 일해온 직원보다도 높은 지위로 올라서는 경우가 있습니다. 그런 경우 사내에서 그가 눈엣가시가 되기 때문에 저는 어떤 회사를 목표로 하는지 이야기하며 직원들을 설득시켰습니다.

"교세라라는 회사를 좀 더 성장시키고 싶습니다. 그러기 위해선 새로운 사업을 해야 하는데, 세라믹만을 다뤄온 우리들만으로 새로운 사업은 불가능합니다. 그래서 외부에서 전문가를 데려와야 한다고 생각합니다. 중도 입사한 직원이 젊은 사람이라 하더라도 높은 지위를 줘야 하는 경우도 나올 거라 생각하는데, 그것을 이해해줄 수 있겠습니까?"

"우리들이 만든 회사니 언제까지고 우리가 높은 자리에 있고 싶다거나 외부인이 중도에 들어와 우리 머리 위로 올라서는 것이 참을 수 없고, 또 그렇게 해서까지 회사를 키울 필요가 없다고 모두가 말한다면 그만두겠습니다. 하지만 이는 교세라라는 회사를 그 정도의 성장으로 끝내겠다는 이야기가 됩니다. 이왕 교세라라는 회사를 만들었으니 좀 더 크고 훌륭한 회사로 만들고자 한다면 중도 입사한 사람이 높은 자리에 취임하게 될지라도 이해해야 합니다. 회사는 크게 키우고 싶지만 자신들 위에 신입이 들어오는 것은 싫다는 선택지는 없습니다. 회사를 크게 키우고자 한다면 그러한 부분도 필요한 것입니다."

이렇게 말하니 직원들도 "괜찮습니다. 이후 새로운

사업을 전개한다면 우리들보다 우수한 전문가를 데려오는 것도 필요하겠죠. 그렇게 따르겠습니다"하고 납득해줬습니다.

당신의 회사가 지금부터 100억 엔 규모까지 확대해 나간다고 한다면 1억 엔의 매출을 올리는 점포가 100개는 있어야 할 것입니다. 100개의 회전초밥집을 관리하는 것은 보통 일이 아니기 때문에 상당히 재능 있는 부관들이 많이 필요할 것입니다.

이 문제는 회사를 성장시키고자 하는 경영자라면 모두 동일하게 안고 있는 고민이라고 생각합니다. 고락을 함께해온 사람의 처우 문제라 더욱 어려운 문제입니다만, 그것을 잘 해결한다면 회사는 더 크게 발전할 것입니다.

10

능력이 각기 다른 간부는
어떻게 다뤄야 하는가?

저희 회사는 발전소 개선 및 보수 공사 등 엔지니어링 분야에서 '제안형 세일즈'를 하는 곳입니다. 창업한 지 6년이 되었고 직원은 24명입니다. 이번 분기에는 목표 매출액인 11억 엔을 달성할 수 있을 것 같습니다. 저는 대학을 졸업한 후 전력 회사의 자회사에서 샐러리맨으로 근무하다가 제 능력을 세상에 증명하고 싶어 맨손으로 회사를 창립했고, 어떤 스폰서 없이 회사를 이끌어 왔습니다.

전력 회사에서는 플랜트 제조사와 전력 회사의 자회사 등에 일을 발주합니다. 플랜트 제조사는 주로 제조사와 그와 관련한 회사, 그 계열사 또는 그 하청 회사에 발주하는데, 저희 회사가 수주할 수 있는 곳은 잘해야 3차 하청이고, 보통은 그보다 아래입니다. 전력 회사 계열사도 사정은 마찬가지입니다. 한편 이 업계에서는 안전성을 중시하기 때문에 실적주의가 강한 것이 특징입니다. 그렇기에 저는 직접 전력 자회사를 찾아가 플랜트 개선이나 신공법 제안을 했습니다. 이러한 방법으로 채택되어 제조사나 전력 회사 자회사로부터 일을 수주할 수 있게 되었고, 최근에는 일부 전력 회사에서 일을 주기도 했습니다.

계열 중심으로 운영되는 업계입니다만 전기요금 인하에 따른 비용 절감 요청 등에 의해 그 체질이 변해가고 있습니다. 보수 공사 기간을 줄이고, 가동 일수의 연장을 위해 궁리하고, 비용 절감을 위한 공법을 궁리하는 등 저희 회사가 특기로 삼는 분야의 수요가 많은 상황입니다. 이러한 배경으로 인해 종래 일부 발전소로부터의 수주에만 의지하던 저희 회사도 채택된 플랜트 개선 제안을 다른 발전소에도 적용할 수 있는 좋은 상황이 되었습니다. 그래서 저는 회사의 두 번째 기둥을 세우기 위해 직접 영업을 하고 싶은데, 저희 회사 입장을 잘 이해하는 능력 있는 간부가 없어 행동에 옮길 수 없었습니다.

저는 회사가 엔지니어링 분야의 제안형 세일즈를 하고 있는 만큼 간부가 모든 공정에 정통해주기를 바랍니다. 구체적으로는 플랜트 개선 제안, 제안 자료 작성, 영업, 주문, 설계, 외주 업체 수배, 시공, 공사 관리의 모든 것을 소화해냈으면 합니다.

저희 회사 거래처로 두 개의 발전소가 있는데, 그 각각을 제1사업부, 제2사업부가 담당하고 있습니다. 제1사업부가 매출의 약 75퍼센트, 제2사업부가 그 나머지를 차지하고 있습니다. 각 사업부는 각각 제안, 수주, 시공까지 일관적으로 작업을 하는 방법으로 운영되고 있습니다. 사업부를 맡고 있는 각각의 간부들에게는 일장일단이 있습니다.

1. 상당한 노력가로 제안 능력이 탁월하고 사업부에 확실한 이익을 가져다주지만, 무뚝뚝하고 말주변

이 없어 고객들에게 인망이 없는 사람

2. 성실하고 열심히 일하지만 장인 타입이라 창의적인 것에 소극적이며 리더십이 없는 사람
3. 대외적으로는 평가가 좋지만 기술자로서는 능력이 부족해 좀처럼 일을 맡길 수 없는 사람
4. 능력은 우수한 편이지만 경험이 부족해 엔지니어적 발상이 부족한 젊은 사람

이런 상황으로 인해 새로운 사업 구축이나 업무 내용 확대에 불가피한 연구개발 등에 집중할 수가 없습니다. 간부들에게 부족한 점은 사장 스스로가 지도해야 할 부분이며, 만약 능력이 부족한 간부라 하더라도 밀어내지 않고 제안부터 시공까지 모든 것이 가능한 올라운드 플레이어로 양성하고 싶다고 생각하고 있습니다.

전문성이 필요한 일이기 때문에 현재의 일관된 작업을 하는 사업부제는 어렵지 않을까, 기술자와 관리자를 나눠 업무별로 조직을 구축하는 것이 좋지 않을까 하는 생각도 머리를 스쳐갑니다. 업무별로 조직을 나누면

시공에 대한 절차 등 쓸데없이 중복되는 부분이 감소한다는 장점이 있겠지요. 하지만 일관된 작업에 비해 고객과의 접점이 줄어들게 되어 친밀도가 낮아지고 현장 부문이 장인화되어 제안 마인드, 영업 마인드가 떨어질 거라는 점이 걱정입니다.

저희 회사는 영업이 숙명인 회사입니다. 그렇기에 저는 전 공정에 정통한 올라운드 플레이어로서의 간부와 젊은 직원들을 육성하고자 생각하고 있습니다. 능력 부족, 경험 부족의 간부는 제가 직접 지도하며 이후 집중적으로 교육할 계획입니다.

개성이 다르고 능력에 일장일단이 있는 간부들을 어떻게 하면 사장의 오른팔이 될 수 있도록 교육할 수 있는지, 또 접객 능력을 높이고 고객의 정보와 니즈를 파악하면서 홍보할 수 있게 만들 수 있을지 고민입니다. 교세라를 만드는 과정에서 회장님께서 깨달은, 능력에 장단점이 있는 인재를 육성하는 방법과 조직을 구성하는 방법에 관해 조언 부탁드립니다.

이나모리 가즈오의 조언

회사를 기능별로 나누고
각각에 맞는 간부에게 맡겨라

제안형 세일즈의 딜레마

발전소 관련 일을 하는 경우에는 전력 회사나 플랜트 제조사의 3차 하청이라는 숙명을 면할 수 없습니다. 그런 환경에서 플랜트나 보수 공사 개선 제안을 원 발주자인 전력 회사나 플랜트 제조사에 가져가 그것을 인정받으셨습니다. 현재는 직접 원 발주자로부터 주문을 받을 수 있게 되었다고 말씀하셨지요.

업무 내용은 '제안형 세일즈'입니다. 플랜트 개선 제안을 해 자료를 만들고 전력 회사나 플랜트 담당자에게 가져갑니다. 그리고 "플랜트를 보수하려면 이렇게 해야 한다고 생각합니다"라고 제안합니다. 그것을 인정받아 주문을 받으면 다음은 제안 내용에 기초해 설계하고, 적절한 업자에게 외주 절차를 밟아 시공한 뒤 제안

대로 진행될 수 있도록 공사 관리를 합니다. 이 일을 시작해 이번 분기엔 11억 엔의 매출을 올릴 정도로 발전해왔습니다.

당신은 이러한 제안형 세일즈, 즉 제안부터 시작해 공사 관리까지 사장 스스로 해오던 일을 각 사업부에 맡기고자 하고 있습니다. 한편 그러한 방식이 매우 어려울 것이라는 걸 알고 있기에 업무를 기능별로 나눠야 할지, 아니면 모두가 올라운드 플레이어가 되도록 하는 게 좋은지 고민하고 계십니다.

창업형 경영자의 고민

———

창업자인 당신은 매우 우수한 재능을 가지고 계십니다. 당신이 이를 인정하지 않을지 모르지만 분명히 우수한 재능을 가진 분임에 틀림없습니다. 지금까지 3차 하청 정도밖에 하지 못했던 업계의 일을 아무런 후원 없이 신규 진입해 훌륭한 제안으로 고객들의 신용도 얻었습니다. 전력 회사 직원이나 전력 회사 근처에서 물건을 납품하는 하청업자라도 생각하지 못할 법한 창의적이고 우수한 제안을 했기 때문에 오늘날에 이른 것입니다.

창업형의 사람들은 자신이 그렇게 해왔기 때문에 같은 일을 할 사업부를 전개하고 싶다고 생각합니다. 그러나 직원이 20명 정도밖에 안 되는 회사에 그런 의욕을 가진 머리 좋은 사람이 올 리가 없습니다. 그렇기 때문에 힘들어 하고 계신 것이지요.

사실 저 자신도 그랬습니다. '꼭 우수한 인재를 데려와야 해. 그렇지 않으면 회사는 성장할 수 없어.' 심각하게 고민했던 기억이 당신의 질문을 들으면서 떠올랐습니다. 그렇지만 당신 자신이 남들과는 다른 재능을 가진 사람이기에 그것을 남들에게 그대로 요구하는 것은 애당초 무리인 것입니다.

회사를 기능별로 나눌 것
—

이 일에서는 개선 제안을 생각해내고 제안 자료를 만드는 것이 중요한데, 거기서 당신의 재능이 발휘되고 있다고 생각합니다. 그러니까 플랜트 개선 제안에 대한 자료 작성은 사장이 직접 해야만 합니다. 동시에 그 부서에서는 전국의 발전소를 다 돌아보고 어디에 문제점이 있는지를 조사해 자료를 모으는 일을 해야 합니다.

한편 다른 부서는 제안 자료를 가지고 전력 회사나 제조 자회사를 대상으로 영업을 하고 주문을 받습니다. 또 다른 부서에서는 주문을 받은 제안 자료를 토대로 설계도면을 만들어 외주 업자에게 시공을 맡기고, 관리하고, 완결짓습니다. 이런 방법으로 제안, 영업, 설계 및 시공 관리의 세 가지 부문으로 업무를 나눠야 합니다.

개선 제안부터 시공 관리라는 일련의 일을 경영자 혼자서 맡는 것이 아니라, 기능별로 세 가지 분야로 나누고 그 기능에 적합한 사람에게 일을 맡기는 겁니다. 영업 능력은 떨어지지만 설계와 외주 업자와의 거래와 시공 관리는 잘하는 성실한 사람의 경우, 그 분야를 담당하게 하는 식입니다. 이런 식으로 기능별로 일을 나눠 직원의 능력이나 성격에 맞는 일을 할 수 있도록 담당을 정하는 것이 중요하다고 생각합니다.

당신의 회사에서는 전국의 발전소가 고객이 될 수 있습니다. 그러니까 기능별로 담당을 나눠도 맡아야 할 범위가 넓어 어려운, 즉 지리적인 문제가 남을 것입니다. 하지만 그렇다고 해서 당신과 같이 제안, 영업, 설계 및 시공 관리 전부를 혼자서 맡는 것은 현실적으로 불가능하다고 생각합니다. 모든 부문을 한 명에게 맡기는 것은 포기하고 기능별로 나눠 각각의 분야에서 사람을 육성하는 것이 필요하다고 생각합니다.

전문가를 키우고 범위를 확대해나가라

저도 같은 문제로 고민하다 회사를 기능별로 나눴습니다. 그리고 각 분야별로 교육해 전문가를 키웠습니다. 그들이 자신의 전문 분야에서 훌륭히 일을 해낼 정도로 성장하면 "당신은 플랜트 개선 제안이 가능하니, 이번엔 영업 수주까지 관리해주십시오" 하는 식으로 영역을 넓혀가는 겁니다. 그렇게 해서 제안부터 영업, 수주, 설계 및 시공 관리까지 혼자서 할 수 있는 사업부장을 키워내는 것이지요.

그러려면 먼저 각각의 사람들을 그 분야의 전문가로 키워내야 합니다. 한 가지 일에 정통한 사람에게 다음의 기능을 익히게 해 조금씩 업무 범위를 확대해나가면서, 능력이 있는 사람의 경우는 전체 업무를 혼자서 관리할 수 있도록 하는 것입니다.

지금 고민하고 계신 간부 분들에 관해 이런저런 설명을 했습니다만, 제가 실제로 만나본 것이 아니기 때문에 세부적인 조언을 드릴 수는 없습니다. 우선은 제한된 범위의 업무를 맡긴 뒤 그 분야의 전문가가 되면, 조금씩 범위를 확대해 최종적으로 사업 전체를 관리할 수 있는 간부를 키워내는 것이 중요하다고 생각합니다.

11

직원들의 경영 마인드를
높이려면?

저희 회사는 올해로 창업 67년째가 되는 유한회사로, 제가 아버지의 뒤를 이어 사장으로 부임한 지는 11년째입니다. 현재 클리닝 공장 8개, 지점 9개, 직영점 25개, 중개위탁점 600개를 가지고 있습니다. 직원은 200명이 넘습니다. 상권은 근처 3개 현에 걸쳐 있어, 매출이 높고 취급하는 점포 수도 가장 많다고 자부하고 있습니다. 덕분에 입사하고 10년 동안 단 한 번도 전년도에 비해 실적이 나빠지는 일 없이 견실하게 매출을 늘려왔습니다.

여성의 경제활동 참가율 증가에 따라 전업주부가 하던 세탁을 대신해 가정 세탁의 수요가 늘어가는 추세입니다. 하지만 한편으론 단시간에 드라이클리닝 전용 의류까지 세탁 가능한 고성능 세탁기의 등장, 다림질이 필요 없는 하이테크 섬유를 사용한 의류의 출현, 라이프 스타일의 캐주얼화 등에 따라 싸고 좋은 서비스를 제공하는 것이 당연한 풍조가 되었습니다. 따라서 합리적인 가격으로 상품을 제공하지 않으면 소비자들의 지지를 받지 못한다는 것이 저의 생각입니다.

클리닝은 대표적인 노동집약적 산업입니다. 일의 퀄리티, 생산성 향상 등은 전부 사람에게 달려 있기 때문에 자기 자신의 마음을 높이는 것은 물론이거니와 직원들과 사상의 일체감을 이루고 싶다고 생각하고 있습니다. 그리고 이러한 생각을 나누기 위해 각종 연수, 공부회 등에 직원들을 참가시켜 정보를 공유하고 있습니다. 그럼으로써 조금이라도 저희 회사나 업계의 현 상태를 알게 해 제가 목표하고 있는 것을 이해해주길 바라고 있습니다.

또 동종업계의 타사 견학 등도 중요하게 여기고 있습니다. 하지만 현장 업무로 인해 사실상 그런 것은 휴

일에나 할 수 있습니다. 저는 참가자들을 위하는 마음으로 일부 직원들을 대상으로 지명 연수를 보내고 있습니다만, 부서의 리더로서 적극적으로 협력해주는 사람이 있는가 하면, 제3자인 듯 그저 방관자적 행동을 하는 사람도 있는 상황입니다. 젊은 사람들의 경우 프라이버시를 우선시해 가정생활을 중시하는 경향이 있기 때문에 참여율이 그다지 높지 않습니다.

클리닝업계에도 당연히 경쟁이 있고, 그 경쟁에서 이겨야 살아남는 현실입니다. 이기기 위해서는 파트타임 직원을 포함해 모든 직원이 얼마나 협조할 수 있는가가 중요하다고 생각합니다. 그렇기 때문에 회사를 위해 자신의 가정을 좀 희생할 수 있다거나, 또는 희생이라고 여기지 않을 정도의 제 동조자 집단을 만들고 싶습니다. 그러기 위해 직원들에게 어떻게 말할지, 또 어떻게 지도해야 하는지 방법을 찾지 못해 곤란합니다. 자기희생을 강요할 수는 없으니까요. 이런 점과 관련해 조언을 구하고 싶습니다.

사장 취임 당시 직원들의 의견을 너무 많이 수용해

몇 명의 직원이 퇴사하는 결과를 초래한 적이 있습니다. 그 이후로는 '대선'을 행해야겠다는 마음에 제 생각을 확실하게 전달하게 되었습니다. 2주에 한 번은 각 거점에서 전원이 참가하는 지구회의를 열어 저희 회사 서비스를 지역에 알리고 있습니다. 또 연수회 불참가자들에게도 기회를 봐서 이야기할 계획입니다. 지금까지 회사가 그런 대로 잘 풀려왔습니다만 아직 문제점이 많은 상태입니다. 많은 지도 부탁드리겠습니다.

이나모리 가즈오의 조언

경영자가 간부를 소중히 여기는 것부터 시작하라

자기희생은 요구할 수 없다

질문의 요지는 '어느 정도 가정을 희생할 수 있는 경영 마인드를 가진 직원을 키워내기 위해선 어떻게 해야 하는가?'입니다. 그다음으로 "자기희생을 하라고 강요할 수 없어서 안타깝다는 생각을 하고 있는데, 어떻게 지도하면 좋을까요?"라고 말씀하셨습니다. 하지만 저는 조금 방향이 잘못되어 있다고 생각합니다.

당신의 회사는 클리닝 회사로서 다점포 전개를 해 매우 커다란 규모가 되어 있습니다만, 그 회사는 유한회사입니다. 모든 직원에게 힘내 달라고 독려한다 했을 때 사장의 재산을 불리기 위해 가정을 희생하면서라도 일해 달라 말할 수는 없는 것입니다. 그것은 당연합니다. 실제로 당신도 "가정을 희생해서라도 일해주세요"라고 직원들에게 말할 수 없다고 했지요. 그것이 맞는 말씀입니다. 그러니까 가치관이 잘못된 것입니다.

제가 만든 교세라라는 회사는 전 직원의 물심양면의 행복을 추구하는 것을 목적으로 삼고 있습니다. 저는 "이나모리 가즈오라는 사람이 사장을 맡고 있을 뿐, 교세라는 결코 저 자신만의 재산을 불리기 위해 만든 회사가 아닙니다"라고 항상 말해왔습니다.

"저를 포함한 전 직원이 행복해지기 위해서 이 회사를 만들었습니다. 전 직원의 행복의 원천은 교세라라는 회사가 건전하게 경영되어 이익을 내고 점차적으로 발전해나가는 것에 있습니다. 그러니 회사를 지키기 위해 함께 힘내주십시오."

그렇게 계속 말해온 결과 직원들도 자신들의 행복을 지켜주는 이 기업을 지키고자 힘내는 사람들이 나오기 시작한 것입니다.

미국식 자기희생의 의의
—

당신의 이야기를 듣고 미국이라는 나라의 성립에 관해 생각이 났기에, 조금 이야기하고자 합니다.

미국이라는 나라는 애당초 그곳에 국가가 있었던 것이 아니고, 알고 있듯 메이플라워호 등을 타고 유럽에서 앵글로색슨인들이 넘어와 만들어진 국가입니다. 그 토지에는 본래 인디언밖에 살지 않았습니다. 유럽 사람들이 대규모로 이주해 인디언을 학살하고 차례로 토지를 약탈하는 등의 과정을 통해 나라를 만든 것입니다.

즉 최초에는 국민, 인민만이 있었을 뿐입니다. 인민

이 점점 늘어남에 따라 사회가 형성되었고 질서가 필요해졌습니다. 거기서 그들이 만든 것이 보안관입니다. 악인에게도 용기를 가지고 맞설 강한 총잡이를 돈으로 고용해 보안관에 임명한 것입니다. 그다음에는 배심원 등의 제도도 만들었습니다. 즉 우선인 주민들의 편의에 따라 그 다음으로 정부를 만든 것이지요. 그러니까 미국은 건국 이래 '사람의, 사람에 의한, 사람을 위한 정치'를 할 수 있었던 것입니다.

미국인은 '자신들이 만든 국가를 지키고, 자신의 집을 지키기 위해 싸운다'라는 발상을 가지고 있습니다. 국기에 대한 충성심을 호소하는 경우에도 '미합중국은 우리들 인민의 나라다. 우리들이 국가를 지키지 않으면 지킬 사람이 없다'라는 인식을 가지고 있습니다. 그렇기에 희생을 해서라도 지키려고 합니다. 우리들이 만든 국가가 우리들을 지켜주기 때문에 국민들도 목숨을 걸어서라도 국가를 지키고자 하는 것입니다.

회사는 무엇을 위해 존재하는가

당신의 회사를 지키기 위해, 경영자의 재산을 지키기 위해 가정을 희생해서라도 일하라는 일방적인 요구로는 직원들이 따를 리 없습니다. 우선 당신의 회사가 무엇을 위해 존재하는가라는 것을 확실하게 전달하지 않으면 힘내서 일해 달라 말할 수 없는 것입니다.

공장이 8개, 직영점이 25개 있습니다만, 노동 집약적인 클리닝이라는 작업에 유한회사라는 경영의 구조 속에서 전 직원에게 희생을 요구하는 것은 지나칩니다. 굳이 말하자면 "이 회사의 성장을 위해 힘내주십시오. 애써주신 것에 대해서는 모든 간부들에게 환원하겠습니다"라고 말할 수밖에 없을 듯합니다.

직원이 200명을 넘고 파트타임 직원도 많이 있는 상황입니다. 그들 모두에게 잘 대해줄 수는 없을지 모릅니다. 하지만 8개 공장에는 공장장 이하 최소 3~4명 정도가 간부로서 당신의 회사를 지탱해주고 있을 것입니다. 또 직영점에도 점장이 있지요. 모두 포함하면

50~60명 정도가 될 것입니다. 그 간부들을 우선 소중히 여겨야 합니다. 가정을 희생해서라도 회사를 위해 힘내 달라 쉬이 말할 수 없습니다만, 당신이 그 사람들을 소중히 여기고 대우도 잘 해준다면 그들이 먼저 '회사를 위해 좀 더 협력하자'라고 생각할 것입니다.

즉 상대방에게 희생을 요구할 게 아니고, 당신이 그들을 소중히 여기는 것을 통해 상대방으로부터 보답받는 것 외에는 답이 없습니다. 최소한 각 점포의 점장, 그리고 공장장 이하 3~4명의 사람들만이라도 간부 직원으로서의 긍지를 가질 수 있도록 당신이 먼저 감사를 표해야 합니다. 간부로서 긍지를 가질 수 있도록 나름대로의 대우를 해주면 당신의 기대에 응해줄 것입니다. 그러지 않고 무조건 힘내라고 말하는 것은 잘못된 방식이라고 생각합니다.

저는 창업자입니다만 "회사라는 것은 세습되어서는 안 됩니다. 저의 아이, 저의 혈연에게는 물려주지 않을 겁니다"라고 처음부터 말해왔으며, 65세에 회장직을 은퇴했습니다. 간부 직원 중 한 명이 자리를 이어받게 되자마자 저는 빠르게 그만두었습니다. 이렇게 담백하게 운영했기 때문에 회사를 위해 힘내자고 엄격하게 말할 수 있던 것입니다.

당신의 회사는 아버님께서 창업하신 회사이므로 이익을 직원 모두와 나누겠다는 식으로 말하면, 아버님으로부터 노여움을 사 쫓겨날지도 모릅니다. 그렇게는 말할 수 없습니다. 회사는 당신의 집안 소유입니다. 하지만 당신의 집안을 위해 희생을 하라고는 말할 수 없기 때문에 최소한 "여러분이 우리 회사에서 생활하려면 회사가 잘되지 않으면 안 됩니다. 그러니까 프로 의식을 가지고 회사를 지켜주십시오"라고 호소해야 된다고 생각합니다.

직원의 프로 의식에 호소하라

"고객이 우리의 가게를 사랑해주지 않는다면 회사는 절대로 잘될 수 없습니다. 고객들을 위해 일이 있을 때는 일요일에 출근해서라도 클리닝을 해주십시오. 기껏 고객이 클리닝을 맡겼는데 일요일이라 안 된다고 한다면, 월요일에 꼭 입어야 하는 양복을 입을 수 없게 됩니다. 그런 급한 일이 있다면 휴일이라 해도 출근해주시지 않겠습니까? 프로로서, 아니 고객에 대한 책임감을 가지고 해주시길 바랍니다. 회사의 이익을 위해 일해 달라고는 하지 않겠습니다. 프로로서, 또 고객에 대한 서비스를 제공한다는 생각으로 모두에게 부탁드립니다."

이러한 사내 교육을 통해 간부들이 책임감 있는 행동을 하도록 해야 합니다. 가정을 약간 희생해서라도 일해주는 충성심 있는 사람, 애사 정신이 있는 사람을 원하는 것은 무리가 아니라고 생각하지만 그런 인재를 쉬이 구할 수는 없습니다. 그것은 경영자가 직원들에게 잘 대해줄 때 비로소 되돌아오는 것임을 잘 생각해주시기 바랍니다.

12

책임감 있는 간부를
어떻게 육성해야 하는가?

창업 50주년이 된 저희 회사는 츠쿠다니(어패류, 육류, 채소류, 해조류 등의 식재료에 양념을 넣고 조려 만드는 조림요리-옮긴이)와 콩자반을 제조 및 판매하는 업체입니다. 슈퍼마켓, 대형마트를 중심으로 판매하고 있으며 업계에서도 대기업에 속합니다. 직원은 약 200명이고 파트타임, 아르바이트를 포함하면 500명 정도가 됩니다. 양친이 창업한 회사로 현재 아들인 저희들이 이어받아 형이 사장, 제가 부사장, 동생이 경리를 담당하고 있습니다.

창업자인 양친의 경영 방침은 선택과 집중이었습니다. 타사보다 먼저 히트 상품을 개발해 후발 업체가 참가하기 시작하면 다시 다음의 상품을 개발하는 방법으로 항상 10퍼센트를 넘는 고수익을 유지해왔습니다. 하지만 1인 경영으로 인해 조직력은 약해지고 우수한 인재는 쉬이 정착하지 못했습니다. 업계를 리드하는 히트 상품을 개발하면서도 영업력이나 조직력 부족으로 후발 업체들에게 역전되어 1위 기업이 되지는 못했습니다. 업계 1위가 되는 것, 이것이 저희들 2대째에 주어진 사명입니다.

형제가 회사를 이어받아 새로운 경영 방침을 세운 결과 경영 방침, 조직 운영, 회사 이미지가 크게 변화했습니다. 형과 제가 차의 양 바퀴가 되어 실질적인 경영의 운전대를 잡으면서 직원들도 정착했습니다만, 실적은 좋다고 생각되지 않습니다. 현재 매출액은 약 80억 엔으로 이어받을 당시에 비해 약 3배로 성장시켰으나, 이익은 보합 상태가 계속되고 있습니다. 이익률이 크게 떨어져 1위 업체와의 차이도 크게 벌어지고 말았습니다.

세이와주쿠에서 배운 것을 살려 8년 전에는 제 식대로 교세라의 아메바 경영 방식을 도입했습니다. 또 5년 전에는 '전 직원의 물심양면의 행복을 추구한다'는 것을 회사 방침으로 하여 경영이념도 세웠습니다. 거기에 2년 전부터는 '경영철학을 익히고 실천해 체득시키는 것이 경영을 성장시키고 인생을 풍부하게 한다'라는 것을 회사 전체에 심어주고자 전 직원들에게 철학수첩을 배포했습니다. 매일 조례에서 이것을 읽고, 간부를 대상으로 한 철학 공부회도 시작해 현재에 도달했습니다.

하지만 10년간 매출 침체가 계속되고 있습니다. 저로서는 매출을 크게 증가시킬 히트 상품을 내지 못하는 것이 근본적인 원인이라고 생각하고 있습니다. 이대로는 목표로 하고 있는 10퍼센트의 이익률에 도저히 다다를 수 없습니다. 실적 침체로 인해 베테랑 간부 직원들 사이에는 매너리즘이 만연해 있습니다. 위기감을 갖게 하고 업무의 질을 향상시키기 위해서는 어떻게 하면 좋겠습니까?

저희 회사는 사장과 부사장이 너무 강해서 부서장 이하의 직원들이 주체성이 없고 수동적이 되었다는 지적이 있습니다. 최근에는 이를 의식해 역할 분담을 통해 간부들을 믿고자 노력하고 있습니다만, 결국 마음이 안 놓여 이렇게 하라, 저렇게 하라는 식으로 지적하게 됩니다. 하지만 독립채산 단위인 아메바의 손익 추궁이나 철학 교육 등을 실시하는 것으로 책임감이나 업무 능력이 조금씩 나아지기 시작했습니다.

저희 회사는 익숙해진 간부를 교체하는 것이 경영에 리스크를 가져온다는 생각으로 오랫동안 인사이동을 하지 않았습니다. 하지만 성과가 올라가지 않는데도 교체하지 않는 것이 간부들로 하여금 긴장하지 않게 만드는 것이 아닌가 생각하고 있습니다. 그래서 지금이라도 젊은 직원을 등용하고 마음껏 믿어주는 것, 연공과 온정에 치우치지 않고 신상필벌을 실행해 보다 명확하게 조직을 쇄신하고자 생각하고 있습니다.

간부의 의식과 행동을 바꾼 뒤에는 경영자 스스로 행동을 변화하는 것이 무엇보다도 중요하다는 것을 느끼고 있습니다. 저희 회사의 경우 경영자가 오랜 세월에 걸쳐 무른 경영을 해온 것이 회사를 좀먹는 결과를 빚었다고 반성하고 있습니다. 많은 지도 부탁드립니다.

철학은 공동 경영자를 만들기 위한 것

—

양친께서 창업하신 회사를 형제가 이어받아 매출을 늘려왔지만 이익률이 매우 저조한 것에 위기감을 느껴 세이와주쿠에 들어오셨군요. 본인의 회사에도 경영철학을 만들어 공부 모임을 가졌으며, 나름대로 아메바 경영도 도입해 열심히 노력해오셨습니다. 직원들도 정착하게 되었고 스마트한 경영이 가능해졌다고 느끼는 한편, 지난 10년간 매출이 시원치 않아 이익률이 많이 떨어져 위기감을 느끼고 있는 상황입니다.

사실 제가 경영철학을 만들고 직원들이 그것을 흡수하도록 하기 위해 필사적으로 노력한 것은 다른 목적이 있어서입니다. 27세에 회사를 시작한 것이기에 저 자신도 경영에 대해 잘 몰랐습니다. 그저 보고 따라하며 영세기업의 경영을 시작한 것입니다. 교세라가 자그마한 규모였던 당시에는 저를 중심으로 노력하면 어떻게든 회사를 이끌어나갈 수 있었습니다. 그러나 회사 규모가 점점 커졌습니다. 처음에는 28명이었던 직원이 60명이 되고, 100명이 되고, 매출도 늘어나면서 저 혼자 회사 전체를 관리할 수 없게 되었습니다.

커져버린 회사를 도대체 어떻게 경영하면 좋을지 저는 매우 고민했습니다. 그때 '나와 비슷한 수준의 능력이 있고, 회사를 사랑하며, 회사를 지켜줄 사람이 있었으면' 하는 생각을 했습니다. 손오공이 자신의 털을 불어 분신을 만들듯 저의 분신을 만들어 "너는 제조다", "너는 영업이다" 하고 일을 나눌 수만 있다면 얼마나 좋을까 하고 진심으로 바랐던 것입니다.

신뢰할 수 있는 직원을 키워 각각의 부문을 맡기지 않으면 규모가 커진 회사를 경영하는 것이 불가능합니다. 그런데 제가 보기에는 어느 직원도 신뢰가 안 가고 일을 맡기더라도 완벽하게 처리되지 않는 것입니다. 장기에 비유하자면 킨(金, 전후좌우와 앞쪽 대각선의 여섯 방향으로 한 칸씩 움직일 수 있는 말-옮긴이)과 같은 말이 필요하다고 생각했습니다. 그러한 능력과 리더십을 가진 착실한 사람을 쉬이 구할 수 없었습니다. 헤드헌팅으로 우수한 인재를 외부에서 데려오는 방법도 있습니다만 당시에는 그러한 지혜도 없었고, 또 그러한 우수한 인재가 영세기업인 교세라에 와줄 리도 없었습니다.

그렇다면 후(步, 앞으로 한 칸만 움직일 수 있는 말-옮긴이)라도 좋다고 생각했습니다. 적진에 들어가면 승격해 강해질 수 있으므로 차근차근 일을 시켜서 경험을 쌓게 하고, 킨으로 승격시키면 된다고 생각했지만, 그 후조차도 없었습니다. 그러니까 손에 넣을 수 있는 종이를 찢어 연필로 '후'라 적고 침을 발라 장기판에 붙여서라도 승부를 내고 싶을 정도로 인재 부족으로 고민했었습니다.

그러나 종이에 써서 만든 말은 전혀 활약할 일이 없습니다. 사람을 채용하고 조금이라도 좋은 인재가 들어왔다고 생각하고 있으면 금방 그만둬버립니다. 종이에 쓴 '후' 같은 것은 침이 발라져 있는 동안에는 붙어 있어도 후 불면 날아가버리고 마는 것입니다.

그럼에도 어떻게 해서든 의지할 수 있는 부하를 원한다고 생각한 저는 '내가 경영을 할 수 있는 것은 경영하는 것 외에 판단 기준이 되는 철학을 가지고 있기 때문이다. 공동 경영자가 되어주길 바란다고 생각하는 사람에게 이 철학을 가르치자'라고 생각해 설파하기 시작한 것입니다.

커다란 조직을 이끌어나가는 것은 불가능할지라도 중소기업과 같이 20~30명을 이끌 수 있는 사람이라면 키워낼 수 있다고 여겼습니다. 저 자신도 그 정도의 사람이므로 저와 같은 가치관, 판단 기준, 책임감을 가진 사람을 키우고 그 사람에게 각각의 부문을 맡긴다면 회사를 크게 키워낼 수 있다고 생각한 것이지요. 즉 저는 경영자를 키워내기 위해 경영철학을 정리하고 전수하기 시작했습니다.

"저는 이 회사를 이러한 가치관, 철학으로 경영해나갈 생각입니다. 부디 그 가치관을 이해하고 함께 경영해주기를 바랍니다."

저는 공동 경영자를 키워내기 위해 기회가 있을 때마다 철학을 설파하고 그것을 공유할 수 있도록 노력해 왔습니다. 철학이 공유된다면 직원들과의 사이에 일체감과 연대감이 생겨나 운명공동체로서의 단결력이 강해집니다.

당신은 조례를 통해 임직원 전원과 함께 경영철학을 되새기는 시간을 갖는다고 말씀하셨습니다. 직원 전체가 철학을 공부해 좋은 가치관을 갖는 것은 매우 중요합니다. 하지만 본래 그 철학은 '이 사람은 회사의 2인자가 될 인재다. 경영을 함께해야 하니 철저히 철학을 가르치자'라는 생각으로 공동 경영자를 만들기 위한 철학이었습니다. 그 경영철학을 이해하고 그것을 체득하지 못하면 경영은 맡길 수 없는 것입니다. 각 부서장을 임명하는 경우에는 경영철학을 어느 정도 이해하고 있는가를 봐야 합니다. 머리로만 이해하는 것이 아닌, 그 철학을 자신의 행동으로 보이고 있는지 아닌지가 중요합니다. 저는 그것들을 지표로 해 인재를 육성하고자 한 것입니다.

철학을 전 직원들에게 침투시키면 회사 분위기는 매우 좋아집니다. 회사 전체의 힘이 한데 모아지기 때문에 그것은 매우 큰 효과가 있습니다만, 저는 애당초 자신과 같은 수준의 경영자를 키워내기 위해 이 철학을 만들었습니다. 당신의 회사의 경우 당신이 철학을 철저하게 가르친 직원의 조직이 어떠한가가 문제입니다. 나름대로 아메바 경영을 도입했다고 말씀하셨습니다만, 제조 부문, 영업 부문 양쪽 다 힘이 떨어져 있기에 이익률도 떨어지는 것입니다.

양친께서 창업자이시고 장사에 대해서도 숙지하고 있다고 생각합니다. 그러니까 어디서 어떻게 손을 대야 좋은지를 직관적으로 전부 알고 있고, 그것을 토대로 직원들을 질책하고 격려하며 높은 이익률을 올리셨을 것이라 생각합니다. 그것이 지금은 이론적인 경영이 되어 현장을 엄격하게 관리하고 있지 않은 상태로 변질된 게 아닐까 생각합니다.

당신은 직원에게 위기감을 갖게 하고 업무 질을 변하시키기 위해서는 어떻게 하면 좋을지 고민하고 있으며, 사장과 부사장이 너무 강해서 부서장 이하의 직원들이 주체성이 없고 수동적이 되어 있다는 지적을 받고 있습니다. 최근에는 이를 의식해 역할 분담에 노력해 간부들을 믿고자 하지만, 마음이 안 놓여 결국 이것저것 지적하고 있다고 하셨지요. 역할을 분담해 일을 맡기는 것으론 위기감을 조성하지 못합니다. "당신이 여기 책임자입니다. 경영철학을 몸에 지니고 독립채산에 기반해 당신이 사장으로서 채산을 이끌어내야 합니다" 하는 식으로 직원으로 하여금 책임감을 갖도록 해야 합니다.

부서장은 책임감 있는 사람으로 임명하라
—

부서 책임자는 사장과 같은 책임감을 가져야 합니다. 기업이라는 것은 수익이 나지 않으면 성공할 수 없습니다. "이 콩자반 부서의 책임자를 맡아주게"라고 한다면, 임명받은 책임자는 콩자반 부서의 직원들과 함께 그 부서의 채산이 늘어나도록 해야 합니다. 예를 들어 100그

램의 콩자반 완성품을 봉투에 담아 팔 때의 가격은 얼마, 출하 금액은 얼마 하는 식으로 정해야 합니다.

거기에서 10퍼센트의 이익을 내고자 한다면 원료가 되는 콩이나 설탕 재료비는 각각 어느 정도로 잡고, 인건비는 어느 정도로 지불한다는 것까지 고려해야 하는 것입니다. 그러나 콩이나 설탕은 그 콩자반 부서의 책임자가 구입하는 것이 아니고, 아마도 다른 부서에서 구입하고 있을 것이라 생각합니다. 구입 부서가 구입한 원료에만 의지하게 되면 나중에는 누구도 책임을 지지 않게 됩니다. 그러니까 월 매출 300만 엔의 콩자반 부서 책임자를 앉힌다면 원료도 그 부서에서 직접 구입하도록 해야 됩니다.

"저렴한 콩을 사용해 질을 떨어뜨려서는 곤란합니다. 회사 이름에 먹칠을 하게 됩니다. 좋은 콩을 골라 싸게 구매해주십시오. 나도 휴일을 반납하고 농가에 직접 협상하러 가겠습니다." 자신이 속한 곳의 수익을 올리기 위해서는 이 정도의 의욕이 필요합니다. 즉 사장과 같은 시점에서 생각하고 노력을 할 사람을 키워내기 위한 경영철학이 필요한 것입니다.

그러한 책임감을 가진 사람을 콩자반 부서의 장으로 삼습니다. 책임자는 그저 부문의 직원을 통합하는 것으로 충분한 것이 아닙니다. 재료 구입부터 완성품에 이르기까지의 경비, 매출, 이익까지를 전부 관리하는, 그러한 부문별 채산을 책임자 자신이 만들어야 합니다. 재료 구입에 대해 아무것도 모른다면 책임을 지고 있다고 할 수 없는 것입니다. 부서 책임자는 부문의 채산에 대한 모든 것을 알고 경영을 해야 합니다. 그러한 제조 부서장, 영업부서장이 있고 그 조직을 어떻게 나눠 운영하는가가 실은 경영의 시작점인 것입니다.

조직을 어떻게 나누는가? 너무 잘게 나누게 되면 채산을 올리기 위한 창의력을 발휘할 여지가 없게 됩니다. 그렇다고 해서 너무 크게 나누면 이번에는 너무 커서 관리할 수 없게 됩니다. 일반적으로 말하는 독립채산제는 채산이 관리되는 최소 조직으로 나누는 것입니다. 모든 부문에 사업부와 같은 조직을 만들면 채산이 잘 관리되지 않기 때문에 가능한 단순하게, 즉 현장 직원이 관리할 수 있을 정도의 규모로 해서 그 조직을 관리하게 하는 것입니다. 그렇게 하면 매출액에서 재료비와 인건비를 제할 시 얼마의 이익이 나오는가를 알 수 있습니다.

또 이익이 나오지 않으면 어떻게 해야 하는지 알려 줘야 합니다. 예를 들어 기계 조작 패널을 보고 있으면 어떤 밸브를 잠그고 어떤 밸브를 개방하는 것인지를 알 수 있듯, 채산표를 보고 어떤 부문에서 경비를 줄이면 좋을지 알 수 있도록 하는 것입니다. 단 자칫 너무 비용을 절감시켜 품질이 나빠지면 아무것도 되지 않기 때문에 품질의 기준은 엄격하게 정해야 합니다. 그렇게 하지 않으면 안 됩니다.

이익을 내는 구조를 만들어라

현장에는 파트타임이나 아르바이트 직원들이 있습니다만, 특히 주부의 경우는 경제 감각이 있기 때문에 입사한 지 얼마 안 된 직원과 비교하면 이들이 훨씬 채산을 잘 이해합니다. 이들에게 경영철학을 가르쳐줘도 좋다고 생각합니다.

회사를 성에 비유하면 조직은 돌담과 같은 것입니다. 돌담에는 커다란 돌도 있고, 작은 돌도 있습니다. 멋지고 예쁜 돌만을 늘어놓는다고 강풍을 버틸 수 없습니다. 작은 돌이 사이사이에 들어차 있기 때문에 돌담이 확실하게 조직되듯이, 커다란 돌과 작은 돌을 예쁘게 쌓아올려 하나의 커다란 석담을 만드는 것이 경영인 것입니다. 게다가 그 조직 안의 작은 돌도 커다란 돌도, 전부 제대로 기능하며 살아 있어야 합니다. 어딘가 죽어 있다면 아무런 의미가 없는 것입니다.

당신의 회사는 이런 돌담이 확실하게 조직되어 있지 않다고 생각됩니다. 이익이 나고 있지 않으니 막연히 좀 더 힘내라고 말하고 있을 뿐이 아닐까요? 어디를 어떻게 노력하면 되는지, 즉 어떤 곳의 경비를 좀 더 줄이면 어느 정도의 이익을 낼 수 있는지 같은 세부적인 것을 당신만이 아니라 파트타임이나 아르바이트 직원들도 알 수 있도록 해야 합니다. 어떻게 하면 이익이 나는지를 현장 직원들에게까지 알게 하는 것이 경영자 수준의 사람을 늘리는 노하우입니다.

교세라에서도 전에는 파트타임 직원들이 그런 제안을 하나씩 하나씩 해줬습니다. 대졸에 입사 3년차 정도되어 책임자를 맡고 있는 사람에게 그 밑의 파트타임 직원이 이런저런 제안을 하는 것입니다. 보통 파트타임 직원들은 그저 시킨 일만 하지 않습니까? 그런데 그들이 새로운 제안을 해준 것이지요. 고작 10명밖에 없는 직장에서 차례로 제안을 해 개선해나간다는 것. 그것이 바로 조직의 강점인 것입니다. 즉 현장 직원들이 어떻게 하면 이익이 나는가를 알도록 하는 구조를 만드는 것이 필요합니다. 당신의 회사는 그러한 조직 만들기가 잘 이뤄지지 않았다고 생각합니다.

결과에 따라 책임을 지게 하라

—

또 '직원을 믿고 맡겨야 하는데, 간부를 질책하고, 참견할 때가 있지. 이런 태도를 고쳐야 해'라고 생각하는 듯

한데, 그렇지 않습니다. 맡긴다 해서 그냥 맡기기만 하는 것은 하책 중에서도 하책입니다. 일을 맡겼다고 해서 당신이 아무것도 하지 않는 것이 아니라 간부들에게 그 부문의 경영 책임을 지게 하고 당신이 그 결과를 엄격하게 추궁하는 것이 필요합니다. 하지만 부서의 경영 책임을 지게 하기 이전에 경영자와 같은 가치관, 판단 기준을 공유해야 합니다.

당신이 간부들에게 책임을 지도록 한다면, 당신 자신은 그 위의 책임자이므로 이렇게 하라, 저렇게 하라는 식으로 지도하는 것은 당연한 결과입니다. 컨설턴트들은 맡긴 이상 신뢰해야 한다고 말합니다만, 그것은 실제로 일을 해보지 않은 사람이 말하는 것입니다. 실제로 자신이 일을 하고 있다면 전전긍긍하며 조용히 바라보고 있을 리가 없습니다. 서툰 경영을 하고 있다면 바로 질책하는 것이 당연합니다. 간부에게 그렇게 하지 않는다면 책임을 맡긴 의미가 없습니다.

당신이 해야만 하는 일은 책임감을 갖게 하도록 하기 위해 어떻게 해야 하는지를 생각하는 것입니다. 당신이 생각하고 있는 것처럼 연공서열에 의지하지 않고 신상필벌을 확실히 하는 것도 필요합니다. 책임감을 가진 사람이라면 젊은이라도 등용하는 것이 좋습니다. 지금은 스마트한 경영 스타일을 실천하고자 한 나머지 현장에서 엄하게 추궁하지 않았기 때문에 회사 분위기가 사장, 부사장이 시키는 대로 하면 된다는, 수동적인 상태가 된 것이지요. 그것이 매출이 오르지 않고 이익률이 저조한 현 상태가 된 요인이라고 저는 생각합니다.

부서 책임자라는 것은 그 부서의 장래나 직원의 생활에 대해 책임을 진다는 것입니다. 그러기 위해서는 채산을 향상시키고 이익을 높여가야 하는 것입니다. 부서의 책임을 맡은 간부가 그러한 의식을 가질 때까지 경영철학을 설파하고, 동시에 현장에서 엄한 추궁을 해야 합니다. 그렇게 할 때라야 비로소 제대로 된 책임자가 육성된다고 생각합니다. 부디 자신 나름의 아메바 경영이 아닌, 현장 사람들에게도 채산이 보이는 제대로 된 아메바 경영을 실천해주시길 바랍니다.

問

答

4장

어떻게
리더십을
발휘할 것인가

존경받는 경영자가 되어라

직원을 반하게 할 수 있는가

—

저는 교세라를 창업한 당시부터 어떻게 하면 이 집단을 지키고 발전시킬 수 있을지를 고민해왔습니다. 저를 포함해 28명의 직원이라 해도 중학교를 갓 졸업한 직원에서부터 제 아버지 연세 정도가 되신 분까지, 27세의 제가 이끌어가야 했기 때문입니다.

'남을 속인다'는 말이 있습니다. 그다지 좋은 말은 아닙니다만 남을 꾀어낼 정도로 매력이 있는 인간성을 갖지 않는다면 직원들은 따르지 않습니다. 직원들이 따르지 않는다면 사업을 성공시키는 것도, 회사를 크게 발전시키는 것도 불가능합니다.

　그중에서도 대기업에 비하면 가지고 있는 자원이 부족한 중소기업은 얼마나 직원의 힘이 결집되었는가가 사업 성공의 열쇠가 됩니다. 일반적으로 중소기업의 경영자들은 '우수한 인재가 없어서, 경영이 잘 풀리지 않는다'라고 생각합니다. 하지만 중소기업의 경우 가지고 있는 자원은 사람밖에 없습니다. 지금 있는 직원의 힘을 최대한 끌어내 사업을 성공시키지 않으면 회사를 성장시키는 것은 불가능합니다. 그러기 위해 무엇보다도 경영자가 일적인 면에서도, 인간성 면에서도 신뢰받고 존경받는 것이 필요합니다.

선인의 가르침으로부터 배워라

직원을 이끌어가려면 경영자가 존경받지 않으면 안 됩니다. 그것을 깨달은 저는 일에서의 실수를 힐책하거나 주의를 줄 때, 또 모두의 앞에서 어떤 이야기를 할 때 명언을 인용해 말하기 시작했습니다. 그런데 그것이 그다지 효과가 없었습니다. 이공계 출신인 제가 어쭙잖게 알고 있는 말들을 임시변통으로 사용했기에 어딘가 어색하고 모두를 납득시키는 것이 불가능했던 것입니다.

미숙한 제가 인간적으로 성장하기 위해서는 인간으로서의 바른 모습을 공부하고 마음을 높여나가야 한다는 생각을 하게 됐습니다. 그래서 그때부터 철학이나 종교 등도 열심히 공부하게 되었습니다. 일 때문에 늦은 날에도, 술을 마시고 돌아가는 날에도 자기 전에는 반드시 철학서나 고전 등을 한두 페이지라도 읽었습니다. 그렇게 선인들이 남긴 가르침을 나날이 익혀나갔습니다. 그저 지식으로서만 익힌 것이 아니고 경영이나 생활에 있어서도 인간으로서의 바른 모습을 갖추도록 계속 노력했습니다.

리더는 자기희생이 필요하다

제 고향 가고시마의 위인인 사이고 다카모리는 다음의 말을 남겼습니다.

"자기를 사랑하는 것은 선으로 이어지지 못하게 하는 가장 큰 요소다."

자기 자신을 사랑하는 것이 가장 좋지 않다라는 의미입니다. 사업이 잘 풀리지 않거나 실패하는 것은 자기 자신을 너무 중요하게 여기기 때문입니다. 리더로서 훌륭한 일을 하고자 한다면 이기심을 버리고 인간으로서 바른 것을 올바르게 행하는 것이 중요합니다.

이것은 현재에도 통하는 리더가 가져야 할 마음가짐이라 생각합니다. 사업을 하는 리더가 스스로 '나를 위한 돈을 벌고 싶다', '내 사정에 맞는 일을 하고 싶다'라고 생각한다면 직원들로부터 신뢰받고 존경받을 수 없습니다. 그런 리더의 곁에서는 기업 경영이 잘 풀리지 않을 것입니다.

리더가 되어 집단을 모으고 집단을 발전시키기 위해서는 자기희생을 꺼리지 않는 '무아(無我)'의 마음이 필요합니다. 그렇게 하는 것이 가능한, 용기를 가진 사람이 아니라면 리더가 되어선 안 됩니다.

회사가 잘되면 오만해지는 경영자나 간부가 늘어갈

수록 직원의 마음은 떠나가게 됩니다. 지위나 명예, 돈과 같은 이기적인 욕망을 억누르고, 집단을 위해서 겸허한 자세로 애쓰는 무아의 마음을 가진 리더가 된다면, 부하는 리더를 존경하고 마음 깊이 따르게 될 것입니다. 사람을 움직이는 원동력은 공평무사한 리더의 모습입니다.

자신을 갈고닦아 인격을 높이고 존경받게 된다면 직원들은 리더와 일체화되어 목표를 향해 자연히 노력하게 됩니다. 이러한 존경받는 리더가 될 수 있는가 없는가가 회사의 발전을 결정하는 것입니다.

13

경영자로서의 가치 판단 기준을
확립하려면?

저희 회사는 올해로 창업 50년을 맞은 제과 업체입니다. 주로 센베, 아라레모치 같은 쌀과자를 제조해 유통업자에게 판매하며 연매출액은 약 90억 엔입니다. 직원수는 약 500명입니다. 회사 창업 50년을 맞아 21세기에 맞는 새로운 회사로 변혁하기 위해 약 35년간 사장을 맡고 계시던 아버지 대신 제가 3대째 사장에 취임하게 되었습니다. 사장 교체는 기정사실화 되어 있었고, 아버지께서도 회장으로 남아 계셔서 사내에서는 특별한 동요가 일지 않았습니다.

쌀과자 전문인 저희 회사는 디저트의 다양화, 웰빙 식품 트렌드 등의 영향으로 혹독한 환경인 이 업계에서 나름대로 불황도 이겨내고 안정적으로 운영하고 있습니다.

저는 전무 시절부터 다음과 같은 4개의 과제를 가슴에 품었습니다. 첫 번째는 '대량 생산, 대량 판매의 시절을 지나 일고 있는 다양한 수요에 대응해 어떻게 자립된 장사가 가능할 것인가'입니다. 대형마트 중심의 장사에 무게 중심이 실리면 아무래도 고객의 니즈에만 부합하는 상품만 생산하게 되어 아주 편협한 장사로 전락해버리고 만다는 생각을 했었습니다. 그래서 직판 영업의 비율을 높임으로써 의식적으로 대형마트 중심의 판매를 지양하고 있습니다. 이는 결과적으로 매출의 신장보다 이익률 향상으로 이어진다고 생각합니다. 구체적으로는 직판이나 통신 판매 외의 신규 채널을 개척하는 것을 통해 보다 광범위하게, 보다 고객들과 가까운 곳에서 저희 회사의 상품 특성을 살려 승부를 보고자 하는 방침입니다.

두 번째는 '직원의 진정한 행복을 어떻게 실현하는가'입니다. 구체적으로는 그저 일을 하고 돈을 받는 직장이 아닌, 일을 통해 마음을 높일 수 있는 직장을 어떻게 만들 것인가 하는 것입니다. 저희 회사에서는 장사 테크닉 중심의 교육에서 지금은 인간의 기본인 가족, 즉 부부, 부모와 자식에 대한 교육을 중시하고 있습니다. 구체적으로 조례나 연수를 통해 교육 형태를 바꿔 왔습니다. 그 효과가 조금씩 나타나고 있기도 합니다. 저 자신도 직원의 행복을 확실하게 구축하고 주주와 사회에 환원하는 것이 중요하다고 생각하고, 이를 위해 저 자신의 인격을 높이고 존경받을 수 있도록 마음을 갈고닦고자 노력하고 있습니다.

세 번째는 '부문별 관리의 세분화와 업무 스피드화' 입니다. 저희 회사는 바로 최근까지 개인별, 제조판매별, 부문별, 상품별 수익 관리가 되지 않고 있었습니다. 작년에 드디어 그것이 완성되어 부문별, 상품별 수익 관리는 아직 어설프지만, 네 가지 기준에 따라 관리회계를 가동하고 있습니다. 또 이를 통해 부서 책임자들만이 아닌 중간 계층의 직원들도 수학에 대한 감각이 향상되고 있다고 생각합니다. 이후 더욱더 수준을 올리고 일시에 장악할 수 있도록 스피드화를 추진할 계획입니다.

네 번째 과제는 '일본을 대표하는 쌀과자를 어떻게 세계화할 수 있는가'입니다. 일본의 맛인 쌀과자를 세계 사람들이 즐겼으면 하는 것이 전임 사장의 꿈이기도 하기에, 꼭 성공적인 세계 시장 진출을 하고 싶다고 생각하고 있습니다. 사실은 저희 회사는 과거 한국, 중국에 기술 지도를 한 적이 있습니다만 실제로 생산 거점 설립을 한 적은 없습니다. 중국에서 최근 일본의 쌀과자 붐이 일고 있습니다만 소비자 의식의 차이도 있고, 어느 정도 상품 질이 나쁘더라도 저가에 양이 많은 것을 원하는 소비 경향이 강합니다. 저는 우선 선진국에 작은 공장을 만들어 처음에는 일본계의 작은 마켓부터 납품하면서 쌀과자 맛 보급에 노력하고 싶습니다. 이것에 관해서는 과거 기술 지도를 했던 나라를 포함해 저희 회사 거래처인 종합상사와 협력해 그 가능성을 타진해보려 합니다.

이상의 기본적인 네 가지 방침을 근거로 해서 저는

경영을 하고 있습니다. 사장으로서의 책임의 무거움을 통감하고 있는 저에게 앞으로 경영자로서 무엇이 중요하고 또 무엇이 부족한지, 그리고 사장으로서 정신적인 면과 경영 실무적인 면에서 항상 유의해야만 하는 점과 사장 역할의 핵심에 관해 가르침을 구하고자 합니다.

이나모리 가즈오의 조언

선인의 가르침을 배우고 경영자로서의 인격을 갈고닦아라

판매 채널을 확대하라

지금 고민하고 있는 네 가지 과제에 관해 이야기하셨는데, 첫 번째에 언급한 대형마트 판매와 관련해 축소하지는 않겠지만 그다지 중점을 두지 않을 거라고 하셨습니다. 저는 대형마트 판매도 늘리면서 생각하고 계시는 판매 채널을 개척하는 것이 어떨까 하고 생각합니다. 직판, 통신 판매 등을 포함해 고객의 니즈에 맞는 상품

꾸러미를 만들고 직판 영업의 비율을 향상시키는 것은 좋습니다만, 대형마트 판매를 현 상태 유지 정도로 두는 것은 문제가 아닐까 하는 생각이 듭니다.

부친 때는 대형마트 판매를 통해 매출을 상당히 증가시켜 성공했습니다. 그것은 절대로 잘못된 방향이 아니라고 생각합니다. 누군가에게 당신이 말한 것처럼 일반 대중의 취향에 맞는 다양한 것, 부가가치가 높은 쌀과자를 만드는 것은 독자적인 장사를 하기 위한 하나의 방법입니다. 하지만 그것으로는 수지가 맞지 않아 소량 생산 같은 것이 되지 않을까 하는 생각이 듭니다. 아버님께서 해오신 방법을 발전시켜가면서 당신이 생각하고 있는 소비자 니즈에 맞는 상품 꾸러미를 실현하는 방향은 어떨까 하고 생각합니다.

세 번째로 언급한 부문별 수지 관리의 정확도 향상에 관해서는 부문별 수지 관리를 이미 시작했다고 하셨는데, 매우 훌륭하다고 생각합니다. 부디 그것을 더 신경써주십시오. 작은 플랜트라고 하더라도 공장을 경영하고 있거나 또 해외 진출도 생각하고 계신다면 어떻게 해서든 부문별 수지 관리라는 관리회계 방법이 중요하게 됩니다. 이를 위해서도 부문별 수지 관리의 정확도를 좀 더 높여야 한다고 생각합니다.

먼저 감동시켜라

당신이 질문한 것 중에 매우 감명받은 부분이 있었습니다.

"저 자신도 직원의 행복을 확실하게 구축하고 주주와 사회에 환원하는 것이 중요하다고 생각하고, 이를 위해 저 자신의 인격을 높이고 존경받을 수 있도록 마음을 갈고닦고자 노력하고 있습니다."

이것은 매우 훌륭한 생각입니다. 역시 경영자는 인격을 높이고 직원들로부터 존경받을 수 있는 인물이어야만 합니다.

젊은 나이에 사장이 되셨기 때문에 아버님 때부터 일해온 간부 직원을 비롯해 회사에는 당신보다 나이가 많은 분들이 많이 있을 거라고 생각합니다. 그들이 인간적으로도 좋은 분들뿐이라 큰 문제없이 당신을 사장으로 받아들여줘 매우 행복하다라고 하셨습니다만, 그것은 아버님께서 행하신 회사 운영 방식이 좋았기 때문이라고 생각합니다. 일반 직원들도, 간부들도 아버님을 존경하고 신뢰하고 있었던 것입니다. 그렇기 때문에 당신이 이어받는 것이 당연하다고 모두가 생각한 것이지요. 그래서 아무런 저항 없이 당신을 받아들인 것이라 생각합니다.

아버님께서 간부들로부터 신뢰받고 존경받았기 때문에 자연스럽게 당신의 사장 취임을 받아들였지만, 당신 자신은 어떤가요? 즉 만일 아버님께서 돌아가시게 되면 당신이 존경과 신뢰를 받을 수 있는 사람인지 아닌지가 문제가 될 것입니다. 당신 자신도 이제부터라도 인격을 높이고 존경받는 경영자가 되고 싶다고 하셨습니다. 부디 그렇게 될 수 있기를 바랍니다.

특히 선진국에 진출해 작은 공장을 짓고 쌀과자를 만들 생각이시라면 더더욱 그렇습니다. 인종을 넘어, 언어의 핸디캡을 넘어, 그리고 역사와 문화의 차이를 넘어 외국 사람을 이끄는 경우에는 인격 말고 다른 방법은 없습니다. '저 사람은 젊지만 훌륭한 사람이다'라고 감복시키는 것 외에는 사람을 통솔할 방법이 없다고 봅니다.

높은 급여를 지불하고 당신이 사장으로서 명령을 한다면 직원은 따를 겁니다. 하지만 그것은 겉모습에 불과하고, 정말로 감복해 이 사장을 위해 열심히 일하겠다는 기분이 들게 하기 위해선 당신의 인격이 필요한 것입니다. 경영자로서 먼저 훌륭한 인격을 갖는 것이 매우 중요하다는 사실을 꼭 기억해주시기 바랍니다.

판단의 기준은 인간성이다
—

인격이 중요하다고 강조하는 이유가 하나 더 있습니다. 사장은 최종 결론을 내지 않으면 안 됩니다. 그 결단을 내릴 때 무엇을 가지고 결정하는가 하면 그것은 마음속의 좌표축인 것입니다. 마음속의 좌표축을 가지고 그것을 참조해 이것은 좋다, 이것은 나쁘다를 결정해야 합니다. 그러기 위해서 확실하고 올바른 좌표축을 만드는 것이 중요합니다.

좌표축이라 함은 그 사람이 가진 가치 판단의 기준입니다. 예를 들어 당신이 말한 대로 지금 중국에서는 일본 쌀과자가 큰 인기를 끌고 있습니다. 다소 품질이 나쁘더라도 양이 많은 것을 좋아합니다. 그래서 당신은 품질이 나쁘더라도 싸고 양이 많은 것을 좋아하는 중국 진출은 그만두자고 생각했습니다. 그것이 당신의 가치 기준인 것입니다. '우리는 국내 시장에 좋은 품질의 제품을 공급하고 있지만, 중국 사람들이 싸고 양이 많은 것을 좋아한다면 중국에는 그런 물건을 팔자'라고 판단하는 사람도 있을 테지요. 그런 판단을 하는 경우 가치 기준이 되는 것은 그 사람이 가진 인간성인 것입니다.

당신은 어떻게 해서라도 해외에 진출하고 싶다고 했습니다. 하지만 그것은 중국도 아니고 한국도 아닙니다. 당신은 선진국으로 가겠다고 하고 있으므로 미국 같은 나라가 목표가 될 것입니다. 그렇다면 어떠한 기준으로 그렇게 생각하는 것입니까? 당신은 대학도 나왔고, 젊은 나이에 사장도 되었고, 미국에 다녀온 적도 있을 것입니다. 아마도 해외에 나가 있는 친구들도 있겠지요. 그렇기 때문에 쌀과자를 만드는 일개 시골 업체로 있고 싶지 않고, 어떻게 해서든 해외로 진출하고 싶다고 한다면 그것이 진짜 사업을 염두한 생각인지, 그렇지 않으면 단지 허영인지를 고민해봐야 한다고 봅니다. 즉 가치 판단의 기준이 중요하지요.

가치 판단이라는 것은 사실은 인격을 투영하는 것입니다. 그 사람이 허영에 가득 차 있는 경우에는 허영을 충족시키는 방향으로, 겁쟁이라면 겁쟁이의 방향으로 일을 결정하게 됩니다. 돌다리를 두들겨보고도 건너지 않는 매우 신중한 사람이 있는가 하면, 돌다리를 두들겨보지도 않고 건너는 사람도 있습니다. 바로 가치 판단은 그 사람의 인품과도 같은 것입니다.

인품은 변할 수 있습니다. 당신은 경영에 커다란 책임을 가지고 있기 때문에 당신의 인품을 훌륭한 것으로 바꿔나가야 합니다. 즉 바른 판단을 하기 위해 인간이 되지 않으면 안 된다는 것입니다. 마음을 수양하고 어떤 인간이 되어야 하는가를 숙고해 인간성을 높이는 것이 바른 인품을 얻는 길입니다.

인격을 높이는 두 가지 방법
—

인격을 높여 인품을 좋게 하기 위해서는 두 가지 방법이 있습니다. 첫 번째는 선인의 가르침을 익히는 것입니다. 저의 경우에는 야스오카 마사히로 씨가 해석한 중국의 고전 등으로부터 '어떤 인간이 되어야 하는가'라는 것을, 또는 요가 철학자인 나카무라 덴푸, 또는 니노미야 손토쿠가 가지고 있던 철학 등을 익혀 제 것으로 만들고자 했습니다. 그 전에는 저의 양친으로부터 가르침 받은 '인간으로서 무엇이 바른 것인가'라는 원초적인 기준을 바탕으로 경영하고자 했습니다. 원초적인 것에서 시작해 점점 고도의 것을 공부하고, 그것을 자신의 가치관과 철학으로 삼아왔습니다만, 이렇게 선인에게 배우는 것도 인간이 되는 길입니다.

다른 하나는 역시 선한 일을 행하는 것, 즉 이타적인

행동입니다. '적선하는 집에 복이 있다', '남에게 인정을 베풀면 반드시 돌아온다'와 같은 말처럼 다른 이를 위하고 선을 행함으로써 자신의 인격을 높일 수 있습니다.

무슨 일이 있더라도 사장은 최종적인 결단을 내려야 합니다. 그때 훌륭한 철학을 가지고 있는가, 즉 마음의 좌표축을 가지고 있는가 하는 것이 결정의 수단이 되는 것입니다.

회사 조직에 목숨을 불어넣어라
—

사장의 역할에 있어서 하나 더 중요한 것이 있습니다. 이것은 제가 젊은 시절부터 생각해온 것입니다만, 회사라는 것은 하나의 생명체로서 생생하게 약동하지 않으면 안 됩니다. 피고용 근성밖에 없는 사람들만을 모아두면 조직의 힘이 점점 저하되고 맙니다. 거기에 기업으로서의 생명력을 주입할 필요가 있습니다. 경영자가 그것을 해야 합니다.

저의 경우 젊은 시절에는 제 개인 시간이 거의 없었

습니다. 유일하게 밤늦은 시간 집에 돌아갈 때가 제 개인 시간이었지요. 아내와 딸들에게 원망을 산 적도 많습니다. 저는 가족과 좀처럼 만날 수 없었기 때문에 늦은 귀가 때라도 아이가 깨어 있으면 "오늘은 아빠가 이런 걸 했단다, 저런 걸 했단다" 하고 이런저런 이야기를 했습니다. 그렇게 이야기를 하면서 가족과의 일체감을 느꼈기에 '아내도 아이들도 모두 잘 이해해주고 있다. 그렇기 때문에 나는 가정을 돌보지 않고 일에 집중할 수 있는 거야. 오늘날의 회사가 존재하는 것도 이 덕분이다'라고 생각했습니다.

그러나 회사가 꽤 커지고 난 뒤 이 생각을 아내와 아이들에게 말했더니 "당치도 않아. 아빠는 집에 돌아와서도 마음은 회사에 가 있었어" 하는 말이 돌아왔습니다. 아내와 아이들은 제가 돌아올 때까지 식사도 하지 않고 기다려주곤 했던 것입니다. 늦게 돌아와서 함께 식사할 때 좀처럼 만날 수 없으니 아이들이나 아내는 자신들의 주변에서 일어난 일들을 이야기하거나 "밥이 맛있나요?"와 같은 일상적인 것을 물었던 것인데, 아빠는 얼빠진 듯한 대답을 했다는 것입니다.

그 얼빠진 대답을 들을 때면 '아아, 또 일에 대해 생각하고 있구나' 하고 생각하게 돼 그냥 침묵을 지키게 되었고, 더는 대화가 진척되지 않아 차라리 조용히 저녁식사를 하는 게 훨씬 좋았다라는 말을 들었습니다. 아주 가끔 모인 자리에서도 즐거운 가족의 단란함을 느끼지 못했다고 딸과 아내에게 질책받은 것이지요. 등골이 서늘해지더군요.

그도 그럴 것이, 당시의 저는 '내가 이나모리 가즈오 개인으로 돌아가는 순간, 회사는 빈사 상태가 되고 말거다'라고 생각했습니다. 그렇게 생각하면 무섭고 또 무서워서 그런 공포심 또는 강박관념에 사로잡혀 일에만 몰두했던 것입니다.

저의 경우에 해당되는 사적인 이야기입니다만, 사장이라는 것은 그 정도로 힘든 자리입니다. 자신의 능력을 100퍼센트 기업에 주입해야만 비로소 사장인 것입니다. 개인적인 시간조차 가질 수 없을 정도로 힘든 것이 그 최고 리더의 자리입니다. 사장이란 기업에 목숨을 계속해서 불어넣어야 하는 존재인 것입니다.

사장과 2인자의 책임에는 큰 차이가 있다
—

'기업의 사장과 2인자는 책임에 있어서 외견적으로는 그다지 차이가 보이지 않는다. 하지만 그 책임의 폭과 무거움에는 커다란 차이가 있다'라는 식의 말을 듣곤 합니다. 당신의 경우 사장이 되었지만 아직 아버님께서 보시기에는 2인자이기에 진정한 의미에서의 사장이라 할 수 없습니다.

"밖에서 보았을 땐 저 정도라면 나도 할 수 있겠다고 생각했습니다. 하지만 막상 사장이 되고 보니 그 책임의 무거움이 놀라울 정도더군요. 부사장 시절, 전무 시절에 사장 수준의 일을 했다고 생각했는데, 실제로 사장이 된 순간 완전히 일이 다르다는 것을 깨달았습니다."

사장이 된 어떤 사람으로부터 이런 이야기를 들은 바 있습니다. 바로 목숨을 걸고 책임감을 느끼며 일하는 것과 샐러리맨적인 경영자로서 일을 판단하는 것의 차이라고 생각합니다.

당신의 경우에는 사장이 되었다고 해도 아직 아버님께서 계시기에 그 정도로 실감하지는 못할 것입니다. 하지만 500명이나 되는 직원들이 있는 커다란 회사 조직을 움직이기 위해, 부디 이제부터 커다란 집단의 수장으로서 어떤 인간이 되어야 하는지를 공부하고 인간성을 높이시길 바랍니다.

14

경영자가 제일선에
나서야 할 것인가?

저희 회사는 의료용 기기, 재료를 병원이나 의원에 판
매하고 있습니다. 선대 사장이었던 아버지께서 돌연 돌
아가셔서 제가 스물아홉 살이던 당시 사장에 취임했습
니다. 좌우도 분간 못하던 당시의 저는 매일 공포감과
불안감에 떨면서 일을 해왔습니다. 직원은 20~30대가
중심으로 50대는 없습니다. 젊다는 것이 강점인지 아닌
지 모르겠지만 그런 의미에서는 아직 발전 중의 회사라
고 생각합니다. 저희 회사는 현재 지역 업계에서는 2위
입니다. 언젠가 업계 1위가 되겠다고 항상 생각하고 있
습니다. 그러기 위해 우선 젊은 영업직원을 고용하는
식으로 인적 투자를 하고 있습니다.

그리고 여러 가지 경영 관련 책을 읽거나, 카세트테이프를 듣거나, 강습회에 가는 등 이것저것 해봤습니다만, 성장하는 회사라는 것은 역시 직원들이 기쁘게 일하는 회사가 아닐까 하고 생각하고 있습니다. 직원을 기쁘게 한다라는 것이 조금 이상할지도 모르지만, 우선 직원의 의욕을 이끌어내기 위해 노력하고 있습니다. 실패한 적도 있지만 덕분에 9월 결산에서는 전년 대비 21퍼센트 성장이라는 수치를 얻어, 현재는 제가 보기에도 매우 좋은 분위기가 되어 있습니다.

하지만 한 가지 곤란한 점은 영업의 핵심인 영업부장이 2년 전에 병에 걸리고 난 뒤로 영업을 뛰지 않고 아침부터 저녁까지 컴퓨터 앞에 있다는 것입니다. 그런 상황이기에 애당초 영업을 좋아했던 제가 직접 병원이나 진료소를 돌며 영업을 전개하고 있습니다. 고객들도 제 명함을 보고 전화를 걸어오고, 영업직원들에 대한 지시도 제가 하게 되었습니다. 저는 영업부장이 플레잉 매니저(playing manager)가 되어주길 바라고 있지만 지금은 어쩔 수 없는 상황이지요. 그러다 보니 저 또한 당분간 혼자 해나가자 생각하고 있습니다.

하지만 최근 외부 사람들로부터 '사장이 거의 회사에 있지 않다', '솔선수범해 영업 전선에 나가 있으나 사장이 뭐든지 다 해버리면 인재를 키울 수 없다'라는 식의 이야기를 듣게 되었습니다. 하지만 한편으론 업계 1위를 목표로 하고 있는데, 사장이 회사 안에만 있어도 되는가라는 생각도 듭니다. 이 점에 대해 어떻게 생각하고 계신지 가르침 부탁드립니다.

이나모리 가즈오의 조언

솔선수범하는 경영자 아래에서
인재가 육성된다

솔선수범해 직원들을 이끌어라

'사장이 뭐든지 혼자 다 해버리면 인재가 육성되지 않는다'라는 말을 듣곤 합니다. 컨설턴트들은 인재를 키우려면 그 사람에게 일을 맡겨야만 한다고도 말합니다.

이런 말을 듣다 보면 정말 그럴까 하고 고민하게 됩니다. 하지만 결국 저는 그것은 난센스라고 단언합니다. 그런 말은 스스로 경영해본 적이 없는 사람들이 하는 얘기입니다. 경영자는 그런 느긋한 이야기를 하지 않습니다.

사장이 게으른 사람이라 일하기 싫어하고 가능한 한 직원에게 맡기고 자신은 놀고자 한다면 이야기는 다릅니다만, 그런 타입의 사장이 좋냐고 한다면 그럴 리 없을 것입니다. 역시 중소기업, 중견기업의 경우에는 사장 자신이 선두에 나서서 일하는 것이 필요합니다.

사내에서 사장이 뭐든 다 해버리기 때문에 인재가 육성되지 않는다라는 목소리가 나오는 경우도 있습니다. 하지만 그런 말을 하는, 믿음이 안 가는 직원이라면 키우지 않아도 됩니다. 일을 척척 해나가는 사장을 뒤쫓아 보고 배우며 사장과 동일한 정도로 일할 수 있는 사람이 육성되지 않으면 의미가 없습니다. 능력 있는 사장이 일하지 않고 믿음이 떨어지는 직원이 어떻게든 그 일을 한다 했을 때, 이는 진정한 인재 육성에 포함되지 않습니다.

지금 업계에서 지역 2위를 하고 있는 회사를 1위로 만들고 싶다면, 영업 일선에서도 일기당천의 용맹한 자를 키워내야 합니다. 그러기 위해서는 사장이 척척 일을 해서 자신을 따르라 호령해야 맞다고 봅니다. 그런 식으로 사장에게 지지 않을 영업력이 있는 직원을 키워내야 하는 것입니다.

가격 결정은 경영이다

의료용 재료와 기기를 판매하니 병원 등에 가서 판매 활동을 할 것입니다. 의사를 상대로 판매하는 것이기에 화제, 매너 등에서 수준이 좀 높아야겠지요.

제가 말하는 경영의 요체 중에는 '가격 결정은 경영이다'라는 말이 있습니다. 당신 회사의 경우 일선의 영업사원이 가격을 결정할 거라 생각합니다. 의사와 대화 중에 "그것은 비쌉니다. 좀 더 싸게 부탁드립니다"라는 말을 들으면, "알겠습니다. 그럼 얼마로 하면 될까요?"

하는 식으로 영업직원이 그 가격을 결정하겠지요. 그러나 그저 잘 팔리도록 싼값을 매기는 것으로는 경영이 되지 않습니다. 이익이 충분히 남도록 가격 결정을 해야 하는 것입니다.

그러기 위해서는 상품 구입이나 판매 가격은 사장 아니면 영업부장이 결정해야 합니다. 판매 가격과 구입 가격의 차액이 순이익이 됩니다. 이 순이익이 예를 들어 15퍼센트라고 한다면 영업 경비 전부와 판매 비용을 포함한 일반 관리 비용을 10퍼센트로 억제하지 않으면 안 됩니다. 순이익이 15퍼센트일 때 판매 및 관리비를 10퍼센트로 억제하면 5퍼센트의 영업이익이 남습니다. 이러한 것을 모두 파악한 후에 가격 결정을 해야 하는 것입니다.

경쟁이 심한 의료용 기기를 즉시 판매하는 경우 이익이 15퍼센트밖에 남지 않습니다. 그런데 의사와 교섭하는 중에 영업직원은 1~2퍼센트 정도는 간단히 깎아줄 것입니다. 그것이 사실은 당신의 경영 과제의 근간이라고 생각합니다. 그렇기 때문에 영업 일선에서 물건을 팔 때는 사장 자신이 선두에 서서 직접 지휘해야 하는 것입니다. 충분한 이익을 내려면 팔 수 있는 가격에 파는 것이 아니고, '이 정도 가격이어야 한다'고 생각한 가격에 팔아야 합니다. 그래서 '가격 결정은 경영이다' 라는 것입니다.

또 이것은 제 자신에게도 자주 하는 이야기입니다만, 사장이나 제일선에 서 있는 사람은 자신의 능력을 100퍼센트 기업에 쏟아야 합니다. 사실은 개인 시간조차 없을 정도로 힘든 것이 사장이지요. 그런데도가령 자신의 건강을 걱정해야 한다면 문제가 있다고 생각합니다.

당신 회사의 영업부장이 병에 걸려 건강에 자신이 없어져 밖으로 나가 영업을 하지 않게 된 것은 무리가 아닙니다. 그 사람에게 좀 더 밖으로 나가 영업을 하라고 말하는 것은 가혹한 일입니다. 그러니 "당신은 건강이 불안하니까 영업부장직에서 내려오십시오"라고 하는 것이야말로 정말로 친절한 처사라고 생각합니다. 작은 회사인데 그렇게 말하는 것이 좀 심하다라는 생각에 그대로 두는 것은, 그분에게나 회사에나 좋지 않을 뿐입니다. 이것은 사장인 당신이 용기를 가지고 말해야 하는 부분입니다.

의료용 기기 판매에선 영업부장이 모두 결정해왔을 것입니다. 이익을 확보하는 것도 영업부장의 능력입니다. 가장 중요한 부분이기에 사장이 솔선수범해 지휘하는 것이 맞습니다. 혼자 다 한다던가, 인재가 육성되지 않는다던가 하는 말에 귀를 기울일 필요는 전혀 없다고 생각합니다.

15

경영자의 의지를
어떻게 전달할 것인가?

저희 회사는 1886년에 창업한 인쇄 회사로 팸플릿, 전단지, 다이렉트메일(DM) 등의 광고선전물이 매출의 약 80퍼센트를 차지합니다. 직원은 파트타임을 포함해 70명, 평균 연령은 38세입니다. 저는 대학을 졸업한 후 바로 가업을 잇기 위해 회사에 입사했습니다. 입사 10년째에 사장이신 아버지를 여의고 제가 사장에 취임해 현재에 도달했습니다. 사장에 취임한 지 올해로 15년이 됩니다.

저는 지금까지 직원과의 의사소통을 도모하자는 생각을 해왔기에 직원들로부터 신뢰받고 있다고 생각해왔습니다. 그러나 최근 외부인으로부터 저에 대한 직원들의 불만이 있다는 말을 들어 놀랐습니다.

그런 말을 듣고 잘 생각해보니, 사장에서 관리직, 그리고 관리직에서 부하직원에게로의 의사 전달이 잘되지 않고 있었습니다. 가끔은 불신감을 갖게 한 경우마저 있었습니다. 관리직의 재교육을 강화해야 한다고 생각하고 있는데, 그것을 포함해 사장의 의사를 말단까지 침투시키기 위한 포인트를 가르쳐주셨으면 합니다.

이나모리 가즈오의 조언
앞장서서 일하고 허심탄회하게 이야기하라

솔선수범이 직원의 공감을 부른다

결론부터 이야기하자면 사장은 직원들로부터 존경받는 수준이 되어야 합니다. 존경받는 사장의 말이라면 직원은 100퍼센트 납득하며 들어줍니다.

제가 창업 시 동료 7명과 교세라를 만들었을 때 동료

들은 "이 회사는 이나모리 가즈오의 기술을 세상에 알리기 위한 장이다"라고 말해줬습니다. 하지만 창업하고 고작 3년째에 그 약속은 맥없이 부서졌습니다. 고졸 직원 11명이 돌연 단체교섭을 시도해왔기 때문입니다. 혈판장까지 만들어 급여 인상과 상여금 보장을 요구해와선 요구 사항이 받아들여지지 않으면 모두 그만두겠다고 했습니다. 저는 "만들어진 지 얼마 안 된 회사에서 매일 필사적으로 일해 어떻게든 회사를 지키고 있는데, 장래에 관해서까지 약속을 하게 되면 그건 거짓말이 됩니다. 어쨌든 입사하길 잘했다고 모두가 느끼는 회사를 만들기 위해서 전력을 다할 생각입니다"라고 대답했습니다.

그래도 신뢰할 수 없다고 말하는 그들을 저는 사흘 밤낮으로 설득했고, 결국에는 "나를 믿고 따라와주세요. 혹시 내가 모두를 속이는 일이 있다면 그때에는 나를 죽여도 관계없습니다"라고까지 말했습니다. 그러자 겨우 납득해 회사에 남게 되었습니다.

그렇게 해서 그 일은 해결했습니다만, 그때 저는 '정

말 커다란 짐을 지게 된 것인가' 하고 생각했습니다. 저의 가족은 공습으로 집을 잃고 전후에 가난한 생활을 했습니다. 저는 7형제의 차남으로 대학까지 다녔지만 아직 제 친형제의 뒷바라지조차 충분히 하지 못하고 있었습니다. 그런데 회사를 시작하자마자 직원의 생활까지 보살펴야 하는 상황이 된 것입니다.

하지만 저는 금방 마음을 다잡았습니다. '이나모리 가즈오의 기술을 세상에 알리기 위한 장'으로서의 회사가 아닌, '전 직원의 물심양면의 행복을 추구하는 것'을 목적으로 하자고 마음을 정하고 그것을 표방한 것입니다.

"저는 전 직원의 물심양면의 행복을 추구한다는 것을 회사의 목적으로 삼겠습니다. 그리고 모두를 지키기 위해 필사적으로 경영하겠습니다. 그 대신 여러분들에게 심한 말도 할 것입니다. 여러분들이 대충대충 일하는 것을 눈감아준다면 회사가 무너질 수 있기 때문입니다. 그렇게 되면 여러분들의 물심양면의 행복을 지키겠다는 약속을 어기는 것이 되겠지요. 그러니 일하지 않는 사람은 호되게 꾸짖겠습니다. 그 대신 저는 여러분들보다도 더 일하고자 합니다."

자신들을 위해 사장이 고생하고 있다면 공감을 얻습니다. 즉 솔선수범 말입니다. 그러므로 사장은 가장 고생하지 않으면 안 되는 것입니다. 2대째, 3대째가 되면 엄하게 말했을 때 반발을 하거나, 그만두지 않을까 노심초사하며 의사를 전달하는 것도 조심하게 됩니다. 그러면 점점 의사 전달조차 어렵게 됩니다. 엄한 말도 확실하게 전달해야 합니다. 불신감 등을 갖게 해서는 안 되기 때문입니다. 사장이 고생해서라도 솔선수범한다면 반드시 직원들이 따라줄 것입니다.

회식은 마음을 나누는 최고의 방법

—

의사 전달 시 융통성 없이 이야기하면 그 누구도 들어주지 않습니다. 듣고 있는 듯 보이지만 상대는 한 귀로 듣고 한 귀로 흘릴 뿐 아무것도 남지 않지요. 치킨이든 뭐든 좋으니 거기에 술 한잔 곁들이며 속내를 드러내는 이야기 방법을 택해야 사장의 말을 들어줄 것입니다.

제가 세이와주쿠의 공부 모임이 끝나면 회원들과 함께 둘러앉아 술을 마시는 이유는 여러분의 회사에서도 이렇게 커뮤니케이션을 해주길 바라며 솔선수범해 보여주기 위함이지요. 이것은 커뮤니케이션의 최고 방법입니다.

20년 정도 전에 저 역시 교세라에서 실제로 회식에 나가 직접 커뮤니케이션을 한 바 있습니다. 일과 떨어져서 위아래를 신경 쓰지 않고 부드러운 분위기 속에서 술잔을 주고받으며 일에 대해서, 인생에 대해서 서로 이야기를 나눴습니다. 그것이 교세라의 회식입니다. 그중에서도 가장 큰 것이 망년회였습니다. 직원이 1,000명 가까이 되었을 때일까요. 어떤 부서에서나 망년회를 하기 마련인데 그 모든 모임에 제가 나갔습니다. 12월은 하루도 쉬지 않고 망년회에 나갔지요. 그 자리에서 저는 직원들에게 "이 일은 여러분들을 믿고 맡길 테니, 힘내주세요"라고 말하며 술잔을 돌렸습니다.

그렇게 술잔을 돌려도 불신감을 가진 직원의 태도는 냉담합니다. 제가 비위를 맞추며 "자, 건배!"를 외쳐도 불신감이 얼굴에 드러나지요. 뭔가 불만이라도 있는가 라고 물어도 처음에는 "아니요, 그런 건 없습니다"라고 말할 뿐입니다. 그러나 좀 더 지나면 무언가 속셈이 있는 직원의 경우 반드시 불만을 말하기 시작합니다. 들어보면 저의 배려가 부족해서 불만을 가진 경우도 있습니다만, 80퍼센트 정도는 본인이 뒤틀려서 역으로 원한을 품은 경우입니다.

그러면 저는 "잠깐만, 자네는 완전히 속이 뒤틀려 있는데? 어째서 그렇게 생각하는 거야" 하고 말했습니다. 회사가 하고 있는 모든 일에 대해 반대 입장을 취하고 있는 직원이 있습니다. 그럴 때면 방금까지 건배를 외치던 저는 돌연 설교를 시작했습니다. 상대가 그런 심정을 털어놓는 것도 한잔 마셨기 때문이고, 또 그것이 본심이기 때문입니다. 회식 자리에서는 누가 어떤 것을 생각하고 있는지 전부 알 수 있습니다.

목숨을 걸고 열심히 일하고 있는 사람에게는 잘 부탁한다고 말하고, 잘못하고 있는 사람에게는 그 사고방식은 잘못되었다라고 말합니다. 또 제 자신이 잘못하

고 있는 것을 듣게 되면 그런 것은 고치도록 하겠다고
저도 솔직하게 받아들입니다. 완전히 수행의 장이 됩니
다. 회식 자리는 수행의 장, 자신을 단련하는 장이 되는
것입니다.

세미나에서 마주한 불신감
—

제가 이러한 방식으로 커뮤니케이션을 하던 중에 "당
신은 차가운 사람입니다"라는 말을 들었던 재밌는 사
례가 있습니다. 미국의 교세라 관련 회사 사장과 부사
장급의 사람들 모두를 캘리포니아주 샌디에이고에 모
은 뒤, 제 경영철학을 이해시키기 위해 경영 세미나를
이틀간 개최했을 당시의 일입니다.

이 세미나에서 영어로 번역된 저의 저서 《일심일언》
을 전하고 거기에 대한 감상문을 쓰게 했습니다만, 그
것을 읽어보니 이런 것은 싫다는 내용뿐이었습니다. 세
미나 시작부터 미국의 간부들에게 미움을 산 것입니다.
"이 책에는 돈을 목적으로 일해서는 안 된다고 적혀 있

습니다. 우리들은 돈을 위해 일하고 있는데 어떻게 된 것인가요. 이것은 미국 스타일과는 완전히 다른 가치관이어서 싫습니다."

거기서 저는 교세라의 경영철학인 교세라 철학에 대해 차근차근 설명하며 열심히 이야기했습니다. "저는 직원인 여러분들을 정말로 행복하게 만들고 싶다는 생각에 성심성의껏 노력하고 있습니다. 그것을 지키기 위한 행동 지침은 이런 것입니다." '경영자는 인간으로서 훌륭해야 한다'라는 것을 주안점 삼아 열심히 설명하고자 했습니다.

그렇게 제가 직접 모두에게 하루 꼬박 강연하고 설득해 모두를 납득시켰더니, 그제서야 훌륭한 가치관이라고 말하더군요. 교세라 철학은 훌륭하며 자신들도 그 가치관으로 경영하겠다고 세미나 2일째에는 모두 찬동해줬던 것입니다.

문제는 그 이후였습니다. 생활 습관도 다르고 철학, 종교, 역사, 가치관이 완전히 다른 사람들을 힘겹게나마 이해시켰다고 생각한 때였습니다. "모두들 교세라

철학으로 경영해봅시다" 하고 말하고 끝내려고 할 때 10년 이상 일해온 간부가 "질문 있습니다" 하고 손을 들었습니다.

"어제부터 회장님의 이야기를 듣고 있자니 마치 복음서를 읽고 있는 듯 기분이 좋고, 그렇구나 하고 생각하게 됩니다. 모두들 납득했고 저도 그렇다고 생각합니다. 하지만 무언가 다른 점은 없을까요? 회장님이 사랑이나 배려심에 대해 말하셨는데, 혹시 기억하십니까? 3년 정도 전에 교토에서 열린 경영회의에서 미국에 있는 자회사 사장이 지금까지 적자였던 회사를 흑자로 돌려 의기양양하게 발표했던 그때를. 그때 회장님은 아주 냉담하게 질책하지 않으셨던가요. 그는 매우 낙담했었습니다. 적자인 회사를 흑자로 돌렸는데도 칭찬받지 못한 그를 보고 저는 이 얼마나 차가운 사람인가 하고 생각했습니다. 이후 파티 때에도 그 사장은 홀대받았는데, 차마 고개도 들고 있지 못한 그가 저는 가엾게 여겨져, 회장님께 '너무 차가우신 거 같습니다'라는 말씀을 드렸는데 기억하시는지요? 이윽고 회장님은 너무도 쉽게 그의 곁에 가서 '자, 힘내라'라고 말하며 어깨를 두드려주셨지요. 사랑이나 배려, 직원들의 행복 같은 듣기 좋은 말들만 하시는데, 실제로 회장님은 냉정한 분 아니십니까?"

정정당당하게 반론하라

모두가 함께하는 곳에서 그렇게 비판적인 이야기가 들려왔으니 이틀간의 이야기는 모두 쓸모없는 것이 되고 말 상황이었습니다. '저 사람은 자신을 정당화하기 위해 아주 많은 말을 낭비했구나' 하고 일순 분위기가 변하고 말았던 것이지요. 저는 어떻게 해서든 반론하지 않으면 안 되었습니다. 그것도 억지가 아닌 정당성을 갖는 말이어야 했습니다.

"그렇습니다. 당신이 말하듯 나는 그에게 차갑게 대했지요. 하지만 문제는 왜 그랬는가입니다. 지금까지 계속 적자를 냈던 그의 회사가 흑자를 냈다고 당신이 말했지만, 당시의 흑자는 아주 적은 흑자였어요. 그때까지의 누적 적자가 상당했지요. 적은 흑자가 났다고 그것을 칭찬할 상황이 아니었습니다. 혹시 그것을 칭찬했다면 그는 기뻐했을지도 모릅니다. 하지만 그 자신이 그것에 만족하게 된다면 어떻게 되겠습니까? 나는 직원을 행복하게 하고 싶다고 말했는데, 그런 자그마한 이익으로 직원들을 행복하게 할 수 있겠습니까? 매년 임금을 올려줘야 하는데, 그런 정도의 흑자로는 직원들을 지킬 수 없지요. 그래서 나는 그에게 '그런 것이 이익 축에 끼겠는가?' 하고 말한 것입니다. 그것을 들은 그는 매우 낙담했을지 모르고 나 또한 원한을 샀을지도 모릅니다. 하지만 나는 원한을 사더라도 괜찮다고 생각해 그렇게 행한 것입니다. 그다음 해 그는 노력해서 더 많은 이익을 냈습니다. 지금에 이르러서는 정상적인 이익을 낼 수 있게 되었기 때문에 나는 훌륭하다고 그를 칭찬할 수 있습니다. 혹시 그때 그 자그마한 이익에도 칭찬을 해줬다면 분명 오늘날과 같은 이익을 낼 수 없었을 것입니다."

그리고 말을 이었습니다.

"불교에는 대선과 소선이라는 말이 있습니다. 예를 들어 자신의 아이가 귀여워서 무턱대고 사랑을 준다면 부족한 어른으로 성장하기 마련입니다. 불교에서는 이를 두고 '소선은 대악과 같다'고 말합니다. 귀여워하는 것은 선한 것이지만, 그것이 그저 어리광을 낳는 애정뿐이라면 터무니없는 대악을 만드는 것이 됩니다. 한편 '대선은 비정함과 같다'라는 말이 있습니다. '귀여운 아이에게는 여행을 시켜라'라는 말과 같은 의미라 할 수 있지요. 귀여운 아이에게 세상의 어려움을 겪게 한다고 다른 이들은 비난할지 모르지만, 그러한 힘든 경험을 시키는 것을 통해 그 아이는 훌륭히 자랄 수 있습니다. 엄격해 보이는 그것이 실은 커다란 사랑이지요. 대선은 범인에게는 비정함으로 비칩니다. 그러한 차가운 행위를 행할 정도의 리더가 되지 않으면 이야기가 되지 않습니다. 당신과 같이 그저 눈앞만을 보고, 좋다 좋아 하고 칭찬하는 것으론 잘될 수 없는 것입니다. 내가 항상 직원을 소중히 여긴다고 하는 것은 어리광을 받아준다는 의미가 아닙니다. 보너스나 급여를 많이 준다고 해서 직원들이 따르는 것은 아닌 것처럼 말이지요."

이렇게 설명하니 그도 납득해줬습니다.

모두를 이끌어가기 위한 대화라는 것은 지금 이야기한 것처럼 직설적인 것이어야 한다고 생각합니다. 무서워하지 말고 직원들의 속에 들어가 직접 대화하시길 바랍니다.

'신자'를 만들면 돈이 쌓인다
—

정말로 자신의 기분과 마음 상태를 잘 전달하기 위해서는 최종적으로는 '우리 사장은 나이는 젊어도, 훌륭한 인물이다'라고 직원들이 생각할 정도의 인간성이 필요합니다.

장사도 마찬가지입니다. '장사는 신용이 제일'이라고 자주 말합니다만, 장사에서 가장 중요한 것은 고객으로부터 존경받는 것입니다. 존경받게 되면, 예를 들어 가격 흥정 등은 필요 없습니다. 이미 인간성에 반했기 때문에 "저 사람에게 물건을 사겠습니다. 비싸든 싸든 관계없습니다. 우리는 OO회사에서 구입하겠습니다" 하게 되는 것입니다.

'儲(저)'라는 한자는 분할하면 '信者(신자)'가 됩니다. 즉 믿는 사람을 만들면 돈이 쌓인다는 것입니다. 고객만이 아니고 직원들로부터, 지역 회사로부터 모두에게 존경받아 '신자'들이 생긴다면 돈이 쌓이는 것과 같습니다. 존경받기 위해서는 인격 면에서 다른 이들보다 한 단계 뛰어나야 합니다. 그러기 위해서도 경영자는 인간성을 갈고닦아야 하는 것입니다.

16

나이 어린 사장이
리더 역할을 잘 수행하려면?

사회인으로서 경험도 부족하고, 회사 안에서도 최연소인 25세인 제가 경영자로서 어떻게 직원들과 교류해야 하는지 가르침을 받고자 합니다.

저는 대학을 졸업한 후 도쿄의 중소기업을 대상으로 프랜차이즈 비즈니스 등을 소개하는 회사에 취직했습니다. 1년째부터 10개 점포 정도를 맡게 되어 의욕을 가지고 아침 일찍부터 막차가 끊길 때까지 일했습니다. 장래에 저도 경영자가 되고 싶다는 목표가 있었고, 또 아버지께서 많이 편찮으셔서 언젠가는 제가 회사를 잇게 될 것이라는 긴장감이 있었기 때문이었다고 생각합니다. 그로부터 1년 후 아버지의 건강이 더 나빠지셨고,

아버지께서 경영하는 회사에 들어가게 되었는데, 안타깝게도 제가 입사한 다음 달에 아버지께서 타계하셨습니다. 아버지께 충분한 인수인계도 받지 못한 채 제가 뒤를 잇게 된 것이지요.

본가는 300년 정도 전에 창업한 건어물 상점에서 시작한 상인 가문입니다. 제가 8대째라 들었습니다. 이후 취급하는 상품을 늘리고 1940년대부터 주식회사로서 식품과 주류 도매상을 했습니다. 하지만 가격 파괴나 업계의 유통 변혁 등에 따라 식품 도매 부문을 분리하고, 주류 도매 부문을 타사와 제휴하는 형태로 정리했습니다. 현재는 건어물을 필두로 식품과 차, 도자기 등을 취급하는 소매점 부문만이 남았고, 이 회사의 대표이사에 제가 취임했습니다. 주류의 도매 부문을 맡은 새로운 회사는 제휴처에 경영을 맡겨 저는 전혀 관여하지 않는 상황입니다.

한편 아버지 대에 김 가공 회사를 설립했습니다. 지역에서 유일한 김 입찰권을 가진 회사로 규슈와 세토내해에 직접 김을 매입하러 가 지역 작업장에서 김을

굽는 등의 가공 작업을 한 후에 호쿠리쿠나 도카이 지방의 초밥집, 음식점, 여관, 슈퍼 등에 납품하고 있습니다. 매출은 최근 수년 동안 5억 5,000만 엔에서 6억 엔 정도이고, 직원은 간부 2명을 포함해 12명, 파트타임 직원은 17명입니다. 식품이나 건어물을 취급하는 소매점 회사와 김 가공 회사의 2개 회사를 경영하고 있는데, 현재 제가 대표이사로서 가장 힘을 쏟아 경영하고 있는 것은 이 김 가공 회사입니다.

전 사장이신 아버지는 약 5년간 입원과 퇴원을 반복하셨습니다. 그사이 영업부장과 업무부장이 중심이 되어 회사를 운영했습니다. 두 사람은 40대 초반인데 사내에서 재직 연수가 가장 길고 제가 어린 시절부터 지금까지 20년 가까이 근무 중입니다. 아버지는 두 사람에게 이사를 맡기고자 생각하셨기 때문에 이번에 제가 사장에 취임하면서 그들을 이사로 임명했습니다.

이 두 사람을 포함해 총 12명의 직원이 있으며, 그 절반은 10년 가까이 일해준 직원들입니다. 모두들 매우 밝고 열심히 일에 몰두해주고 있습니다. 각자의 자존심이나 사회인으로서의 경험도 있습니다. 하지만 아버지가 입원하고 있는 동안 사장이 제출해야만 하는 서류가 작성되지 않았다거나, 부서 간 연락이 소홀해지는 등 여러 곳이 좀 어수선해진 것 같습니다.

제가 25세라고 해도 회사 대표로서 책임을 지는 입장이 된 이상, 나이 어리다는 것이 핸디캡이 될지언정 책임을 버리지는 말자고 스스로 다짐하고 있습니다. 하지만 실제로 일을 시작하면 지적하고 싶은 것이 있어도 참게 되거나 말 표현을 신경 쓰게 되는 일이 있습니다. 어떤 때에는 제가 의견을 제시하면 "사장님은 아직 경험이 없으니까요" 또는 "지금까지 그런 것은 해보신 적이 없으니까요"와 같은 말이 직원들로부터 돌아오는 경우도 있습니다.

김업계는 매년 생산 상황이나 시세, 품질이 다르기 때문에 오랜 세월의 경험이 필요합니다. 김에 관해 저는 아직 초보이기에 직원을 스승으로 삼아 여러 가지를 배우고 있습니다. 또 회사에 관해서도 사회인 경험이 짧은 것이 사실이라 몇 년은 그다지 지적을 하지 않고 조용히 지켜보는 것이 좋지 않을까 하는 생각이 듭니다. 하지만 환경 문제로 위기적 상황이 닥친 김업계를 생각하면 그저 조용히 있어서는 매출이나 이익이 떨어질 수밖에 없는 상황인 것 같습니다.

우선 제 생각을 직원들 한 명 한 명에게 조금이나마 전달하고 싶다고 생각해 월급봉투 안에 '사장통신'이라는 제목으로 직원에게 전달하고 싶은 내용 등을 적은 종이를 넣어 전 직원에게 전달하고 있습니다. 앞으로 제가 사장으로서 직원들을 어떻게 이끌어가야 할지 지도를 부탁드리겠습니다.

이나모리 가즈오의 조언
겸허하게 익히고
의연하게 룰을 관철하라

직원을 스승 삼아 일을 배워라

회사에서 최연소인 사장이 어떻게 직원들을 이끌어가

야 하는지 묻고 있습니다만, 이는 나이를 떠나 경영자로서 매우 어려운 문제입니다.

당신은 아버님이 소중히 여겨온 부장 2명을 이사로 임명했다고 이야기했습니다만, 그것은 경영진에 참가해 지원해 달라는 의미라고 생각합니다. 매우 현명한 행동입니다. 아마도 그런 결단을 내림으로써 그 두 사람만이 아니라 다른 직원들도 사장이 자신들을 중요하게 여긴다고 느꼈을 것입니다. 직원들의 신뢰를 붙들어 매는 데 매우 좋은 행동이었다고 생각합니다.

하지만 실제로 일을 시작하면 본인이 연하인 만큼 지적하고 싶은 것이 있어도 참게 되거나 말의 표현에 신경 쓰게 될 경우가 있겠지요. 또 직원들로부터도 때로 사장이 아직 경험이 없다라거나, 지금까지 그런 일을 한 적이 없어서 그렇다는 식의 말을 들을 수 있습니다. 말씀대로 당신이 가장 나이가 어리기 때문에 건어물 소매도, 김 가공도 직원들을 스승으로 삼아 철저하게 익혀야 합니다. 얼마나 단기간에 직원들이 알고 있는 노하우와 경험을 마스터하는가가 핵심이라고 생각합니다.

하지만 아버님 때와 비교해 사내가 어수선해진 것에 대해서는 의연하게 이것은 고쳐야 한다고 말하며 바로잡아야 합니다. 거기까지 참게 되면 사내 전체의 도덕이 저하되고 맙니다. 아무리 어리다고 해도 누가 보더라도 이상한 부분이라면 꼭 바꿔나가야 합니다. 단, 사회인으로서의 경험이 얕기 때문에 '이것은 이래야 하지 않을까' 하는 정도로 직원을 질책하는 것은 그들로부터 반발을 사 오히려 사내가 혼란스러워질 수 있습니다. 여기에서도 직원들을 스승으로 삼아 배운다는 자세를 보이는 것이 매우 중요합니다.

직원들로부터 겸허하게 배우고 직원들보다 두 배 노력하는 모습을 보인다면 그들도 자연히 당신에게 점차 매력과 존경심을 느끼게 될 것입니다. 결국은 인간성 면에서나, 일에 대해 집중하고 몰두하는 자세 면에서나 '이번 사장은 훌륭하다'고 모두가 감복할 정도로 노력해야 진정한 리더가 될 수 있다고 생각합니다.

비전을 만들어 동기를 높여라

작은 규모라도 회사를 이끌어가기 위해서는 당신이 직원들의 동기부여를 끌어올리는 것이 필요합니다. 그러기 위해서는 이 회사를 어떤 방향으로 이끌어가고 싶은지 하는 비전을 명확하게 제시해야 합니다. 모두가 참가해 만든 비전이 아니라 당신 자신이 만든 비전을 말합니다. '이 회사를 장래 이렇게 만들고 싶습니다'라는 비전과 목표를 선명하게 제시해야 합니다. 그 비전에는 직원들을 소중히 여긴다는 식의 내용을 포함시켜야 합니다.

"이 회사는 영세기업이지만 급여 면에서나 대우 면에서, 그리고 다른 어떤 면에서도 직원 여러분을 소중히 여기고자 합니다. 그러기 위해 회사를 조금이라도 더 키워 재정적으로 강고하게 만들어야 합니다. 그래서 이런 방향으로 이끌어가려 합니다. 부디 여러분들도 회사 목표를 향해 함께 협력해주십시오. 구체적인 계획에 관해서는 여러분들도 참여해 함께 만들어주세요."

이런 방법으로 직원들을 하나로 모으는 것입니다. 27세에 회사를 시작했을 당시 저는 커다란 꿈을 직원들에게 이야기했습니다.

"지금은 영세기업으로서 불면 날아갈 법한 세라믹 제조사이지만, 우리 함께 교세라라는 회사를 교토 나카교구 하라마치 최고의 회사로 만들지 않겠습니까? 하라마치 지역 최고가 되면 나카교구 최고가 되고, 나카교구 최고가 되면 교토 최고가 되는 겁니다. 교토 최고가 되면 일본 최고가 되어야 하지 않겠습니까? 일본 제일이 되면 저는 이 회사를 세계 제일로 만들고 싶습니다."

그런 비전을 그리면서 언제나 그것을 직원들에게 말해왔던 것입니다. 그런 커다란 목표에 모두의 눈을 맞추는 형태로 동기부여를 한 것이지요.

돈도 그 무엇도 없던 당시에 터무니없는 목표를 가슴에 품고, 그것에 직원들의 관심을 쏟게 함으로써 눈앞의 작은 불평불만이 날아가버렸다고 생각합니다. 물론 저는 그렇게 만들기 위한 계책으로 그렇게 행동한 것이 아닙니다. 결과적으로 그렇게 되었을 뿐이지요. 당시의 저는 그렇게 동기를 제공하는 것 외에는 다른 방법이 없었던 것입니다.

강력한 리더십도 필요하다

하지만 아무리 장대한 비전을 가슴에 품고 이끈다 해도 직원들은 역시 샐러리맨입니다. 가능한 한 즐겁게 살고 싶다는 마음이 있을 수밖에 없습니다. 그러니까 당신의 회사와 같이 30명 정도의 규모라면 사장이 솔선수범해 '나를 따르라! 따르지 않는 자는 필요 없다!'라는 식으로, 즉 대장과도 같은 강한 모습을 보이며 이끌어가는 것도 필요하다고 생각합니다.

직원들이 각자 의욕을 내서 자발적으로 일할 수 있도록 하는 것이 이상적이고도 가장 바른 것입니다만, 사장이 선두에 서서 일하고 부하를 강하게 이끌어가는 면도 있어야 한다고 생각합니다. 진정한 경영자라면 그 딜레마와 모순을 느끼고 있을 것입니다. 또 느끼지 못한다면 진정한 경영자가 아닙니다. 솔선수범해 일을 하는 도중에 인간성을 높이고 리더십을 발휘할 수 있도록 힘내주십시오.

問

5장

사장이
갖춰야 할
그릇은 무엇인가

리더의 역할
10계명

"직원들이 생기 있게 일하게 하려면 어떻게 조직을 구
　성해야 하는가?"
"부하직원의 의욕을 이끌어내기 위한 리더십은 어떤
　것인가?"
"후진 육성은 어떻게 하면 좋은가?"

경영자뿐 아니라 여러 집단의 리더에게 있어서 조직 운
영이나 인재 육성에 관한 고민은 끝이 없습니다. 중국 고
전에 '한 국가는 한 사람으로 인해 흥하고, 한 사람으로
인해 망한다'라는 말이 있듯이 국가든, 기업이든, 집단의
성쇠는 그 리더에 의해 결정됩니다. 조직에 생명력을 주

어 훌륭한 집단으로 발전시키기 위해서는 리더가 마음을 모아 목표를 향해 모두를 이끌고 가야 하는 것입니다.

이 책에서는 그것들에 관계된 문답을 모아 논했습니다만, 마지막으로 제가 지금까지 회사를 경영하는 동안 실천해온 '리더의 역할 10계명'을 제시하려 합니다.

1. 사업의 목적과 의의를 명확히 하고 지시하라
—

리더는 우선 경영의 수장으로서 무엇을 위해 이 사업을 하는 것인가 하는, 사업의 목적과 의의를 명확하게 할 필요가 있습니다. 또 그것들의 목적과 의의를 부하직원들에게 보이고 찬동을 얻어 모두의 힘이 결집할 수 있도록 노력해야 합니다.

리더 중에는 사업의 목적과 의의를 얘기하며 '돈을 벌기 위해'라고 말하는 분이 계실지도 모릅니다. 분명히 기업이 발전하기 위해서는 이익이 필요합니다만, 사회적인 의의를 목적으로 삼는 사람이 더 힘을 발휘합니다. 그러므로 사업의 목적이나 의의는 리더 자신에게 있어서도, 부하직원에게 있어서도 '그 숭고한 목적을 위해서 일한다'라는 대의명분이 느껴지는, 차원이 높은 것이어야 한다고 저는 생각합니다.

교세라의 경영이념은 '전 직원의 물심양면의 행복을 추구하는 동시에 인류와 사회의 진보 발전에 공헌하는 것'입니다. 저는 이러한 차원이 높은, 다른 누구도 납득할 만한 목적을 가슴에 품고서 이 이념을 함께 실현시키고자 전 직원들과 하나가 되어 노력해왔습니다. 이 목적에 직원 모두가 찬동하고 열심히 일해줬기 때문에 오늘날의 교세라가 있는 것입니다.

리더로서 집단을 이끌 때는 사업의 목적과 의의를 명확히 하고 그것을 직원들에게 심어주는 것이 중요합니다.

2. 구체적인 목표와 계획을 세워라

—

사업의 목적과 의의를 명확하게 보이고 그것을 직원과 공유하는 것이 가능해졌다면, 다음은 구체적인 목표 및 계획을 세워야 합니다. 목표나 계획을 세우는 것에 앞서 리더는 그 중심이 되지 않으면 안 됩니다. 리더는 직원의 의견을 폭넓게 듣고 이를 모으는 능력이 필요합니다. 목표나 계획의 책정 단계부터 직원을 끌어들여 그것이 자신들이 세운 계획이라는 의식을 갖게 하는, 즉 경영에 참가하고 있다는 의식을 갖게 하는 것이 중요하다는 것입니다.

하지만 새로운 사업을 시작할 때나, 큰 기회를 얻을 수 있는 일에는 톱다운 방식으로 목표를 제시할 필요가 있는 경우도 있습니다. 그런 경우 리더는 목표를 세우는 것만이 아닌, 그 목표를 달성하기 위한 구체적인 방법을 생각해야 합니다. 그리고 어째서 그런 목표를 가슴에 품었는지 그 목표에 대한 자신의 생각을 말함과 동시에 달성하기 위한 방법을 제시해야 합니다. 리더는 직원들이 그 목표에 마음 깊이 공감하고 그것을 달성하기 위해 함께 불타오를 정도가 될 때까지 철저하게 강조하는 것이 필요합니다.

저는 이를 위해 조례나 회의, 회식 등을 통해 어째서

그 목표를 이루고자 하는지, 어떻게 하면 목표를 달성할 수 있는지 등을 이야기하려고 노력해왔습니다. 특히 회식에서는 직원들과 술잔을 주고받으며 서로 흉금을 터놓고 소통하는 것을 중요하게 여기고 있습니다. 리더와 같은 수준이 될 때까지 직원의 사기를 높이는 것이 가능해질 때, 비로소 모든 직원의 힘을 결집시키는 것이 가능해지고 함께 목표를 달성하는 것이 가능해집니다.

3. 강렬한 바람을 늘 품고 있어라

저의 경영 근저에는 '인간의 생각은 분명히 실현된다'라는 신념이 있습니다. 그것을 깨달은 것은 다음과 같은 기회가 있었기 때문입니다.

창업한 지 얼마 안 된 시기, 저는 교토에서 개최된 마쓰시타그룹의 창업자 마쓰시타 고노스케 강연회를 들을 기회가 생겼습니다. 거기서 '회사 경영이 순조로울 때야말로 댐에 물을 채우듯 사내유보를 모으고 불황에 대비하는 여유 있는 경영을 해야 한다'라는 그 유명한 댐식 경영에 대한 설명을 들었습니다. 그 강연이 끝날 즈음 이런 질문이 나왔습니다. "댐식 경영은 훌륭하지만, 여유가 없는 사람은 어떻게 하면 좋습니까?"

마쓰시타는 조금 곤란한 듯 "그렇게 생각하면 안 됩니다"라고 대답했습니다. 누군가 "그것으론 대답이 안 됩니다"며 실소를 지었습니다만 저는 그때 충격을 받았습니다. "우선 여유가 있었으면 좋겠다고 생각합니다. 강렬하게 생각하는 것, 거기서부터 모든 것이 시작되는 것입니다"라는 마쓰시타의 대답을 듣고 저는 '생각'의 소중함을 깨달았던 것입니다.

일찍이 저는 '잠재의식까지 투영될 정도로 강한 바람, 열의를 통해 자신이 세운 목표를 달성하자'라는 경영 슬로건을 가슴에 품은 적이 있습니다. 여기서 말하는 '바람'이란 자고 있어도 깨어 있어도 늘 마음에 품고 있는 강렬한 원함입니다.

리더는 이러한 강렬한 바람을 마음에 계속 품고 있어야 합니다. 그리고 그 강한 바람을 전 직원과 공유하는 것을 통해 목표는 달성할 수 있습니다.

4. 누구에게도 지지 않을 노력을 하라

리더는 부문의 대표이자 회사의 대표입니다. 리더가 목숨을 걸고 노력하는 모습을 보고 직원이 함께 열심히 노력하게 만들어야 합니다. 솔선수범해 목숨을 걸고 일하는 모습을 보이면서 직원들을 이끌어나가는 것, 이것이 집단을 이끄는 리더에게 필요한 것입니다.

세이와주쿠 등 경영자 모임에서 제가 "노력하고 있습니까?" 하고 물으면 모두들 "목숨을 걸고 노력하고 있습니다"라고 대답합니다. 하지만 제가 말하는 것은 그 누구에게도 지지 않을 노력인 것입니다. 자신은 죽을 만큼 노력하고 있다고 생각해도 경쟁 회사가 그 이상의 노력을 하고 있다면 경쟁에서 지게 되고 자신의 그때까지의 노력은 물거품이 되고 맙니다. 그러니까 앞으로는 그 누구도 하지 못할 정도의 노력, 즉 누구에게도 지지 않을 노력이 필요한 것입니다. 그것은 매우 힘든 일일지도 모릅니다만 그것 말고 성공하는 방법은 없습니다.

제임스 앨런이라는 영국의 철학자가 다음과 같은 말을 남겼습니다.

"인간이 혹시 성공을 바란다면 그에 상응하는 자기희생을 지불하지 않으면 안 된다. 커다란 성공을 바란다면 커다란 자기희생을, 더 이상 있을 수 없는 커다란 성공을 바란다면 그만 한 커다란 자기희생을 지불해야 하는 것이다."

성공을 바란다면 놀거나 취미를 즐기고 싶다는 자기욕망을 희생해야 하는 것입니다. 그러한 자기희생은 일을 성공시키기 위한 정당한 대가로서 지불해야 하는 것이지요.

집단의 행복을 위해 누구에게도 지지 않을 노력을 계속해나가는 리더라면, 그 집단은 이후 반드시 리더를 따르게 되어 있습니다.

5. 강한 의지를 가져라
———

리더는 강한 의지를 가져야 합니다. 강고한 의지를 가

진 리더가 아니면 그 집단은 불행하게 됩니다.

비즈니스의 세계는 격렬한 경기 변동이나 예기치 못한 사태에 휘말리는 경우가 있습니다. 그 속에서 강한 의지를 가지지 못한 리더는 한 번 세운 목표도 금방 회수하거나 하향 조정하게 됩니다. 그렇게 해서는 목표가 유명무실하게 되고 리더에 대한 신뢰와 존경도 잃게 됩니다. 한 번 세운 목표는 어떻게 해서든 달성한다는 강한 의지, 그것은 리더가 갖춰야 할 중요한 자질 중 하나입니다.

6. 훌륭한 인격을 갖춰라
—

리더는 훌륭한 인격을 가질 필요가 있고, 또는 훌륭한 인격을 가져야 한다는 자각을 하고 노력하는 사람이어야 합니다. 지금은 훌륭한 인격을 가지고 있지 않더라도 그런 인격을 갖고자 노력하는 것이 중요합니다.

'훌륭한 인격'이라는 것은 훌륭한 철학을 가지고 있다는 의미만이 아닙니다. '사람을 속이지 않는다', '거짓

말을 하지 않는다', '정직해야 한다', '탐욕을 부려선 안된다'와 같은 기본적인 윤리관을 가지고 있어야 합니다. 그러한 것을 항상 다짐하며 그것을 실행하고자 하는 사람이 결국 인격을 높이는 것이 가능한 것입니다.

7. 어떤 역경과 마주쳐도 결코 포기하지 마라
—

리더는 어떤 역경과 맞닥뜨려도 결코 포기하지 않는 사람, 'Never Give up'을 신조로 삼는 사람이어야 한다고 생각합니다. 비즈니스에서는 예상하지 못한 역경이나 문제가 발생합니다. 거기서 금방 포기해버리는 리더는 어떤 사업도 성공시킬 수 없습니다.

저는 항상 '불타는 투혼'이라는 표현을 합니다만, 이런저런 역경을 뛰어넘어 회사를 발전시켜나가려면 리더는 격투기 선수와도 같은 투쟁심을 가진, 불타는 투혼으로 집단을 이끌어야 합니다. 그러한 의미에서 리더는 어떤 역경과 조우하더라도 절대로 포기하지 않는 불굴의 투지를 가진 사람이어야만 합니다.

8. 직원에게 애정을 가지고 다가가라

―

리더는 직원들의 행복을 항상 마음에 새겨둬야 합니다. 직원의 성장을 바라고 애정을 가지고 지도하는 것입니다. '애정을 가지고'라고 했습니다만, 이것은 단순히 어린아이를 무작정 사랑하듯 애정을 주라는 것이 아닙니다. 상냥함과 엄격함, 이 양면이 필요합니다.

리더는 직원이 훌륭하게 성장하는 것을 바라고, 지금까지의 경험으로부터 얻은 자신의 지식이나 기술을 아낌없이 가르쳐야 합니다. 그렇게 할 때 비로소 직원이 대충 일하거나 잘못하고 있을 때 그것을 지적하고 엄하게 질책하는 것도 가능합니다. 직원을 키우고 훌륭한 인간으로 만들겠다는 애정이 근저에 있다면 아무리 엄하게 대하더라도 직원은 그것을 인정하고 받아들일 것입니다.

직원에게 아첨하듯 상냥함만을 드러낸다면 직원은 절대로 성장하지 않습니다. 엄하게 질책하는 용기 없이 직원의 기분을 살피기만 한다면, 그 직원의 성장에 도움이 되지 않을뿐더러 회사 전체에 불행이 올 것입니다. 질책해야 할 때에는 마음을 냉정하게 다잡고 질책하는 것이 리더에게 필요합니다.

한편 직원이 정말로 곤란을 겪거나 힘들어 하고 있을 때에는 배려심을 가지고 열심히 보살펴주는 것이 필요합니다. 애정이 있기 때문이라고 해도 그저 엄하게 혼내기만 하는 리더에게는 사람이 따르지 않습니다.

그렇게 애정과 배려심을 가지고 키워내면 분명히 직원은 성장합니다. 직원만 성장하는 것이 아니고 리더 자신도 인간으로서 크게 성장하는 것입니다.

9. 직원들에게 늘 동기를 부여하라

———

리더는 직원들에게 항상 동기를 부여하고 의욕을 일으키기 위해 노력해야 합니다. 목표를 위해 불타오르는 집단을 만들려면 직원이 항상 의욕을 가지고 일할 수 있도록 해주는 것이 필요합니다.

회사 근무 환경에 신경을 써서 직원들이 일하기 좋

도록 만들어야 합니다. 직원이 곤란해하고 있는 것 같으면 가족처럼 상담해주고 조언을 해주십시오. 예정 목표를 달성했을 때나 훌륭하게 일을 했을 때에는 축하의 말을 해주십시오. 장점을 발견해 칭찬해주는 등 직원이 의욕을 가지고 일할 수 있도록 분위기를 만드는 것이 필요합니다.

집단을 모으고 이끌기 위해서는 인간의 심리를 알지 못해서는 안 됩니다. 직원의 마음에 울려퍼질 수 있는 자그마한 배려가 항상 가능하도록 해야 훌륭한 리더가 될 수 있습니다.

10. 항상 창조적으로 사고하라
—

혹독한 경쟁 사회 속에서 기업이 살아남아 발전해나가려면 항상 신제품, 신기술, 신시장에 도전해야 합니다.

리더는 항상 무언가 새로운 것을 추구하고, 항상 창의적인 것을 집단에 도입해야 그 집단이 진보하고 발전을 이룰 수 있습니다. 현상 유지에 만족하는 리더는 그 집단을 결국 쇠퇴의 길로 빠뜨리게 합니다.

그 창조라는 것은 단순히 마음먹는다고 생겨나는 것이 아니고, 깊게 생각하고 고민하는 와중에 생겨나는 것입니다. 그러니까 리더는 절대로 현 상태에 만족하지 말고 '이 정도면 좋은 걸까', '이외에 더 좋은 방법은 없는 걸까' 하고 항상 생각하며 매일 조금씩이라도 발전할 수 있도록 노력하는 사람이어야 합니다. 그런 열의와 노력이 결과적으로 창조적인 것을 만들어낼 수 있습니다.

이 10계명 전부를 실천하는 것은 매우 어려운 것입니다만, 마음에 담아두고 그렇게 하고자 노력하는 것이 중요합니다. 이 책에 적힌 대로 훌륭한 리더가 되고자 노력하는 자세가 직원들에겐 가르침이 되는 것입니다.

여러 조직의 경영자와 리더들이 여기에 적힌 10계명의 진짜 의미를 이해하고 스스로를 발전시킬 노력을 하기를, 또 훌륭한 리더로서 성장하기를 바라겠습니다.

問

경영자 · 리더 **묻다**

이나모리 가즈오 답하다

答

이나모리 가즈오
사장의 그릇

제1판 1쇄 발행 | 2020년 1월 20일
제1판 9쇄 발행 | 2024년 9월 20일

지은이 | 이나모리 가즈오
옮긴이 | 양준호
펴낸이 | 김수언
펴낸곳 | 한국경제신문 한경BP
책임편집 | 이혜영
교정교열 | 이근일
저작권 | 박정현
홍보 | 서은실 · 이여진
마케팅 | 김규형 · 박정범 · 박도현
디자인 | 이승욱 · 권석중
본문디자인 | 디자인 현

주소 | 서울특별시 중구 청파로 463
기획출판팀 | 02-3604-590, 584
영업마케팅팀 | 02-3604-595, 562   FAX | 02-3604-599
H | http://bp.hankyung.com   E | bp@hankyung.com
F | www.facebook.com/hankyungbp
등록 | 제 2-315(1967. 5. 15)

ISBN 978-89-475-4547-1   03320